Korrespondenz auf Englisch für Dummies

Begrüßungen

✔ **Ladies and Gentlemen:** (AE; Sehr geehrte Damen und Herren,)
✔ **Dear Sir or Madam** (BE; Sehr geehrte Damen und Herren,)
✔ **Dear Mr. Casebeer: / Dear Ms. Sockhole:** (Sehr geehrter Herr Casebeer, / Sehr geehrte Frau Sockhole,)
✔ **Dear Hollis Hayneedle:** (Sehr geehrte/r Hollis Hayneedle,)

Schlussformeln

✔ **Sincerely yours,** (AE; Mit freundlichen Grüßen)
✔ **Yours truly,** (AE; Mit freundlichen Grüßen)
✔ **Yours faithfully,** (BE; Mit freundlichen Grüßen – wenn Sie in der Begrüßung den Namen nicht genannt haben.)
✔ **Yours sincerely,** (BE; Mit freundlichen Grüßen – wenn Sie in der Begrüßung den Namen genannt haben.)

Anliegen

✔ **I am writing to you about...** (Ich schreibe Ihnen wegen …)
✔ **I am writing in reference to...** (Ich schreibe mit Bezug auf …)
✔ **Thank you very much for your letter of June 12th.** (Vielen Dank für Ihren Brief vom 12. Juni.)

W0195888

Abschluss

✔ **I am looking forward to hearing from you.** (Ich freue mich darauf, von Ihnen zu hören.)

✔ **I am looking forward to meeting you.** (Ich freue mich darauf, Sie zu treffen.)

✔ **I look forward to receiving your reply.** (Ich freue mich darauf, Ihre Antwort zu erhalten.)

✔ **Enclosed please find...** (In der Anlage finden Sie ...)

✔ **If you have any questions, do not hesitate to contact me.** (Für Rückfragen stehe ich gern zur Verfügung, *wörtlich:* Wenn Sie weitere Fragen haben, zögern Sie nicht, mich zu kontaktieren.)

Glückwünsche

✔ **Congratulations and best wishes on your birthday/wedding.** (Herzlichen Glückwunsch und alles Gute zu Ihrem Geburtstag/Ihrer Hochzeit.)

✔ **My heartfelt congratulations on the birth of your son/daughter/child.** (Meine herzlichsten Glückwünsche zur Geburt Ihres Sohnes/Ihrer Tochter/Ihres Kindes.)

✔ **Please accept my warmest congratulations on your promotion.** (Meine herzlichsten Glückwünsche zu Ihrer Beförderung.)

✔ **Let me offer you my best wishes on your retirement.** (Zum Ruhestand von mir alles Gute.)

Lars M. Blöhdorn und Denise Hodgson-Möckel

Korrespondenz auf Englisch für Dummies

Das Pocketbuch

WILEY-VCH Verlag GmbH & Co. KGaA

Bibliografische Information der Deutschen Nationalbibliothek

Die Deutsche Nationalbibliothek verzeichnet diese Publikation in der Deutschen Nationalbibliografie; detaillierte bibliografische Daten sind im Internet über http://dnb.d-nb.de abrufbar.

1. Auflage 2011

© 2011 WILEY-VCH Verlag GmbH & Co. KGaA, Weinheim

Alle Rechte vorbehalten inklusive des Rechtes auf Reproduktion im Ganzen oder in Teilen und in jeglicher Form.

All rights reserved including the right of reproduction in whole or in part in any form.

Wiley, die Bezeichnung »Für Dummies«, das Dummies-Mann-Logo und darauf bezogene Gestaltungen sind Marken oder eingetragene Marken von John Wiley & Sons, Inc., USA, Deutschland und in anderen Ländern.

Wiley, the Wiley logo, Für Dummies, the Dummies Man logo, and related trademarks and trade dress are trademarks or registered trademarks of John Wiley & Sons, Inc. and/or its affiliates, in the United States and other countries. Used by permission.

Das vorliegende Werk wurde sorgfältig erarbeitet. Dennoch übernehmen Autoren und Verlag für die Richtigkeit von Angaben, Hinweisen und Ratschlägen sowie eventuelle Druckfehler keine Haftung.

Printed in Germany

Gedruckt auf säurefreiem Papier

Korrektur Frauke Wilkens, München
Satz Mitterweger und Partner, Plankstadt
Druck und Bindung   AALEXX Buchproduktion GmbH, Großburgwedel

ISBN: 978-3-527-70717-1

Inhaltsverzeichnis

Einführung

»Schreib mal wieder.« Egal ob Brief, Fax oder E-Mail: In der heutigen Zeit werden Geschäftsbeziehungen immer internationaler. Daher findet ein Großteil der Geschäftskorrespondenz auf Englisch statt. Damit Ihre Finger nicht erstarren, wenn Sie plötzlich einen englischen **business letter** (Geschäftsbrief), eine englische **e-mail** (E-Mail) oder eine englische **job application** (Bewerbung) schreiben sollen, gibt Ihnen *Korrespondenz auf Englisch für Dummies* nützliche Tipps und Redewendungen an die Hand, mit denen Sie Ihren Schriftverkehr treffsicher gestalten können. Also: Schreiben Sie doch mal wieder – einen **business letter** auf Englisch zum Beispiel.

Törichte Annahmen über den Leser

Dieses Buch ist wie für Sie geschaffen, wenn Sie

✔ schon etwas Englisch sprechen,

✔ in Ihrem Beruf öfter Briefe oder E-Mails schreiben und das jetzt auch auf Englisch tun sollen oder

✔ mehr Sicherheit bei Ihrer internationalen Geschäftskorrespondenz erlangen wollen.

Wie dieses Buch aufgebaut ist

Sie werden beim Lesen des Inhaltsverzeichnisses von *Korrespondenz auf Englisch für Dummies* sicherlich schon entdeckt haben, dass die einzelnen Teile Sie in unterschiedliche Bereiche der Geschäftskorrespondenz einführen.

Teil I: Business Letters: Geschäftsbriefe verfassen

Der erste Teil macht Sie mit grundlegenden Aspekten von Geschäftsbriefen vertraut. Sie erfahren mehr zur Formatierung in den USA und Großbritannien und finden nützliche Redewendungen für alle Arten von Geschäftskorrespondenz. Darüber hinaus erfahren Sie, wie Sie angemessen mit **complaints** (Beschwerden) umgehen und sie selbst äußern können. Auch persönlichere Schreiben werden abgedeckt.

Teil II: Business E-Mail: Elektronische Post

E-Mails sind inzwischen aus der Geschäftskorrespondenz nicht mehr wegzudenken. Der zweite Teil dieses Buches zeigt Ihnen nicht nur Redewendungen, die Sie immer wieder verwenden können, sondern auch Tipps zum richtigen Umgang mit Empfängern und deren E-Mail-Adressen.

Teil III: Letters of Application: Bewerbungen

Im dritten Teil dieses Buches bekommen Sie Einblicke in die Gepflogenheiten bei englischsprachigen Lebensläufen und Redewendungen, die Ihr Anschreiben für den Mitarbeiter der Personalabteilung interessant machen. Aber auch als Mitarbeiter der Personalabteilung wird Sie dieser Teil interessieren, denn Sie erfahren, wie Sie Bewerbungsschreiben von mehr oder weniger geeigneten Bewerbern treffend beantworten können.

Teil IV: Der Top-Ten-Teil

Sie sollten die beiden Kapitel dieses Teils lesen, wenn Sie wissen wollen, welche zehn Bestandteile Sie unbedingt in Ihre englische Korrespondenz aufnehmen sollten und welche zehn Dinge Sie vielleicht lieber nicht schreiben oder tun sollten.

Anhang

Der Anhang hilft Ihnen, Zahlen, Zeiten und Daten ins richtige Format zu bringen. Und wenn Ihnen einmal ein Wort nicht einfällt, können Sie es im kleinen Wörterbuch nachschlagen.

FYI: Konventionen in diesem Buch

In vielen Kapiteln dieses Buches finden Sie Kästen, die mit »**FYI**« betitelt sind. Dahinter versteckt sich:

✔ **FYI / for your information** (zur Kenntnisnahme)

In diesen Kästen erhalten Sie nützliches Hintergrundwissen zur englischen Sprache. Auch diese Kürzel werden Sie häufiger sehen:

✔ **AE / American English** (amerikanisches Englisch)

✔ **BE / British English** (britisches Englisch)

Überall dort, wo sich amerikanisches und britisches Englisch unterscheiden, weisen die beiden Kürzel darauf hin.

Symbole, die in diesem Buch verwendet werden

Die Lektüre von *Korrespondenz auf Englisch für Dummies* soll für Sie hilfreich sein und Spaß machen. Damit Ihre Navigation durch das Buch noch effizienter wird, finden Sie folgende Symbole über die Kapitel verteilt:

Dieses Symbol ist ein Grammatik- und Wortschatz-Hinweis. Hier erfahren Sie mehr zu Besonderheiten der englischen Sprache.

 Dieses Symbol weist darauf hin, dass Sie hier et-was über die Gepflogenheiten in den USA und in Großbritannien erfahren können.

 Das Tipp-Symbol gibt Ihnen Tipps zu vielen mögli-chen Situationen. Nach dem Lesen dieser Abschnitte bleiben Sie auch bei schwierigen Angelegenheiten ruhig.

Wie es weitergeht

Jetzt kennen Sie sich bestens mit dem Aufbau von *Korrespon-denz auf Englisch für Dummies* aus. Lassen Sie sich nicht davon abhalten, dieses Buch von vorn bis hinten zu lesen. Die einzelnen Teile sind allerdings unabhängig voneinander aufgebaut, sodass Sie auch einmal sprunghaft sein dürfen. Fangen Sie einfach an zu lesen. Sie werden es bald kaum er-warten können, einen **business letter** auf Englisch zu schrei-ben.

Teil I

Business Letters: Geschäftsbriefe verfassen

The 5th Wave By Rich Tennant

»Tell the Community Recycling Initiative that I've
received their fundraising letter.«*

In diesem Teil ...

Aller Anfang ist leicht. Nach der Lektüre dieses Teils werden Sie mühelos englische **business letters** (Geschäftsbriefe) verfassen. Sie lernen sowohl die amerikanische als auch die britische Formatierung kennen. Darüber hinaus wird Ihnen mit nützlichen Redewendungen und Tipps zum förmlichen und eher formlosen Umgangston mit Geschäftspartnern geholfen. Sie finden hier auch Textbausteine, die Sie in Anfragen und Angeboten per Brief und Fax immer wieder verwenden können. Gehen Sie mit Reklamationen um, verschicken Sie Einladungen und nehmen Sie Anteil am Leben Ihrer Geschäftsfreunde. Also, setzen Sie sich mit dem Buch an die Tastatur und: **Write a letter.** (Schreiben Sie einen Brief.)

* »Schreiben Sie bitte der örtlichen Recycling-Initiative, dass ich den Brief mit ihrem Spendenaufruf erhalten habe.«

Letters, Letters, Letters: Das A und O Ihrer Geschäftsbriefe

Sie müssen einen Geschäftsbrief auf Englisch schreiben, sitzen aber schon seit einer halben Stunde vor dem leeren Dokument auf dem Bildschirm und wissen nicht, womit Sie anfangen sollen? Hier erfahren Sie die **basics** (Grundlagen), die Sie brauchen, um einen **business letter** (Geschäftsbrief) sowohl im amerikanischen als auch im britischen Format aufzusetzen. Neben **formal aspects** (formalen Aspekten) bietet Ihnen dieses Kapitel viele nützliche **phrases** (Redewendungen), die Sie in der **correspondence** (Korrespondenz) mit Ihren **business partners** (Geschäftspartnern) immer wieder verwenden können. Zu guter Letzt finden Sie ein **etiquette manual** (Benimm-Fibel). Damit treffen Sie garantiert den richtigen Ton. Also: **Type away.** (Tippen Sie los.)

Layout: Form und Aufbau

Wenn Sie das leere Dokument zunächst mit folgenden Bestandteilen füllen, schreibt sich Ihr Brief fast von allein:

✔ **letterhead** (Briefkopf) / **return address** (Absenderadresse)

✔ **date** (Datum)

✔ **inside address** (Empfängeradresse)

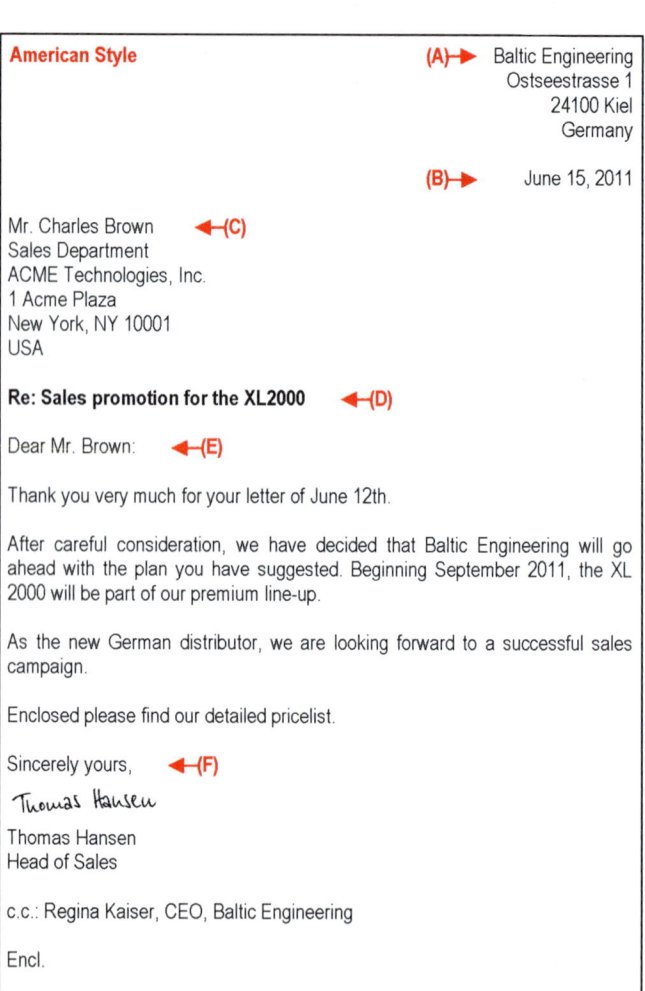

American Style

(A)➤ Baltic Engineering
Ostseestrasse 1
24100 Kiel
Germany

(B)➤ June 15, 2011

Mr. Charles Brown   ◄─(C)
Sales Department
ACME Technologies, Inc.
1 Acme Plaza
New York, NY 10001
USA

Re: Sales promotion for the XL2000   ◄─(D)

Dear Mr. Brown: ◄─(E)

Thank you very much for your letter of June 12th.

After careful consideration, we have decided that Baltic Engineering will go ahead with the plan you have suggested. Beginning September 2011, the XL 2000 will be part of our premium line-up.

As the new German distributor, we are looking forward to a successful sales campaign.

Enclosed please find our detailed pricelist.

Sincerely yours,   ◄─(F)

Thomas Hansen

Thomas Hansen
Head of Sales

c.c.: Regina Kaiser, CEO, Baltic Engineering

Encl.

Abbildung 1.1: Ein **business letter** im amerikanischen Format

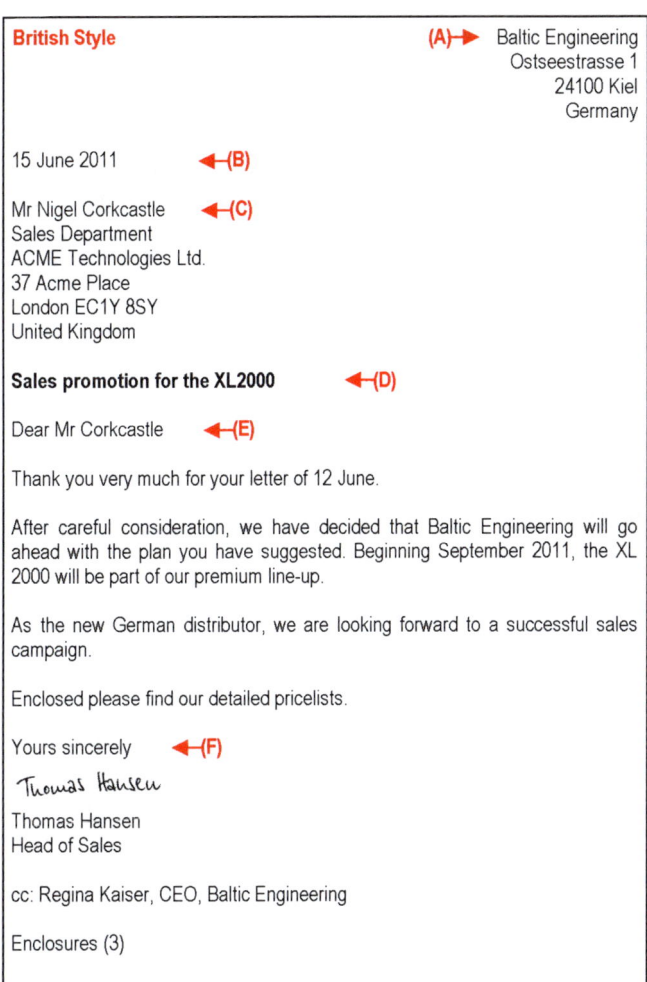

British Style (A)➤ Baltic Engineering
Ostseestrasse 1
24100 Kiel
Germany

15 June 2011 ◄─(B)

Mr Nigel Corkcastle ◄─(C)
Sales Department
ACME Technologies Ltd.
37 Acme Place
London EC1Y 8SY
United Kingdom

Sales promotion for the XL2000 ◄─(D)

Dear Mr Corkcastle ◄─(E)

Thank you very much for your letter of 12 June.

After careful consideration, we have decided that Baltic Engineering will go ahead with the plan you have suggested. Beginning September 2011, the XL 2000 will be part of our premium line-up.

As the new German distributor, we are looking forward to a successful sales campaign.

Enclosed please find our detailed pricelists.

Yours sincerely ◄─(F)

Thomas Hansen

Thomas Hansen
Head of Sales

cc: Regina Kaiser, CEO, Baltic Engineering

Enclosures (3)

Abbildung 1.2: Ein **business letter** im britischen Format

✔ **subject line** (Betreffzeile)

✔ **salutation** (Anrede)

Wer sind Sie? Das interessiert den **recipient** (Empfänger) eines Briefes zu allererst. Daher ist die **return address** ganz oben auf dem **stationery** platziert. Die Abbildungen 1.1 und 1.2 zeigen das bei **(A)** für **business letters** im amerikanischen und im britischen Format. Diese Informationen können Sie in der **return address** finden:

✔ **street address** (Straße) / **town** (Ort) / **country** (Land)

✔ **telephone number** (Telefonnummer)

✔ **internet address** (Internetadresse)

 In der Regel finden Sie eines nicht in der **return address**: Ihren **name** (Name). Der erscheint erst im **signature block** (Unterschriftsabschnitt). Dazu mehr weiter hinten in diesem Kapitel. Bei **companies** (Firmen) wird jedoch der **company name** (Firmenname) angegeben.

Auf **(A)** folgt – Sie können buchstabieren – **(B)**. Damit ist das **date** (Datum) gemeint, das Sie in verschiedenen **formats** (Formate) in den Abbildungen 1.1 und 1.2 finden. Sie platzieren das **date** entweder zwei Zeilen unter und bündig mit der **return address** oder **flush with the left-hand margin** (bündig mit dem linken Rand).

 Das Datum des 2. September 2011 schreiben Sie wie folgt:

✔ **September 2, 2011** (AE)

✔ **2 September 2011** (BE) / **2nd September, 2011**
(BE)

Ganz kurz können Sie es auch so schreiben:

✔ **2/9/2011** (BE) / **2-9-2011** (BE) / **2.9.2011** (BE)

Beachten Sie, dass im amerikanischen Englisch der
Monat immer zuerst geschrieben wird:

✔ **9/2/2011** (AE) / **9-2-2011** (AE)

Damit Sie bei diesem Zahlenwirrwarr nicht durch-
einanderkommen, lesen Sie den Anhang. In der Regel
empfiehlt es sich, den Monatsnamen auszuschreiben.

Am **left margin** (linker Rand) geht es nun weiter mit der **inside
address**. Je nachdem, ob Sie amerikanischen oder britischen
addressees (Empfänger) schreiben oder Ihren Brief in andere
Teile der Welt versenden: Achten Sie auf das **address format**
(Format der Adresse). Sie finden Beispiele für Adressen in den
USA und in Großbritannien unter **(C)** in den Abbildungen 1.1
und 1.2. Diese Elemente brauchen Sie:

✔ **addressee's name** (Name des Empfängers)

✔ **company name** (Firmenname)

✔ **street address** (Straße) / **town** (Ort) / **country** (Land)

 Attention! (Achtung!) Manchmal brauchen Sie das
Kürzel **Attn.** (zu Händen, *wörtlich:* Achtung). Darauf
kann zum Beispiel der **addressee's name** oder das
gewünschte **department** (Abteilung) folgen. Vielleicht
sind auch diese Begriffe für Sie wichtig, die Sie vor
die **inside address** setzen können:

- ✔ **private** (persönlich) / **confidential** (vertraulich)

- ✔ **certified mail** (Einschreiben) / **return receipt** (Rückschein)

 Am besten platzieren Sie die **inside address** so, dass Sie nicht **inside the envelope** (im Briefumschlag) versteckt bleibt. Sie muss nach dem Falten des Briefes durch den **window envelope** (Fensterumschlag) sichtbar sein – das erreichen Sie, indem Sie in der achten Zeile des Briefes damit beginnen.

Die nächste Zeile betrifft Ihr Anliegen – daher wird sie **subject line** (Betreffzeile, *wörtlich:* Themenzeile) genannt. Diese platzieren Sie mit einer Leerzeile Abstand unter die **inside address**. Sie können die **subject line** auch mit dem Kürzel **Re:** versehen. Das kommt aus dem Lateinischen, wo *res* in diesem Fall so viel wie »Thema« bedeutet. Schauen Sie sich hierzu Abschnitt **(D)** in den Abbildungen 1.1 und 1.2 an.

Jetzt haben Sie es fast geschafft. Bevor Sie mit dem Inhalt des Briefes beginnen, müssen Sie den **recipient** des **letter** nur noch ansprechen. Dazu verwenden Sie eine der dieser **phrases**, die Sie auch in Abschnitt **(E)** wiederfinden:

- ✔ **Ladies and Gentlemen:** (AE; Sehr geehrte Damen und Herren,)

- ✔ **Dear Sir or Madam** (BE; Sehr geehrte Damen und Herren,)

- ✔ **Dear Mr. Casebeer:** / **Dear Ms. Sockhole:** (Sehr geehrter Herr Casebeer, / Sehr geehrte Frau Sockhole,)

- ✔ **Dear Hollis Hayneedle:** (Sehr geehrte/r Hollis Hayneedle,)

Achten Sie auf das Satzzeichen nach der Anrede. Während im amerikanischen Englisch bei **business letters** ein **colon** (Doppelpunkt) benutzt wird, setzen Sie im britischen Englisch entweder ein **comma** (Komma) oder Sie sparen Druckertoner und lassen das Satzzeichen gleich ganz weg.

FYI: Die richtige Anrede finden

Es wird Ihnen leichtfallen, männliche Geschäftspartner richtig anzuschreiben. Dies tun Sie mit **Mr.** – kurz für **Mister** (Herr). Bei weiblichen Geschäftspartnern liegen Sie mit folgender Anrede immer richtig, denn sie nimmt keinen Bezug auf den Ehestand: **Ms.** (Frau).

Diese **terms of address** (Anredeformen) werden zwar auch noch verwendet, sind aber nicht mehr unbedingt zeitgemäß:

✔ **Mrs.** – kurz für **Missus** (Frau – für verheiratete Frauen)

✔ **Miss** (Fräulein – für unverheiratete Frauen)

Wenn Sie sich beim Geschlecht des **recipient** nicht sicher sind, benutzen Sie in der **salutation** den **first name** (Vorname) und den **last name** (Nachname). Dabei lassen Sie den **term of address** einfach weg.

Tipps zur Gestaltung des Briefinhalts finden Sie weiter hinten in diesem Kapitel sowie in den Kapiteln 2 und 6.

Kaum hat der Brief begonnen, ist er schon wieder zu Ende. Was jetzt folgt, sind jene Elemente, die Sie auch in Abschnitt **(F)** der Abbildungen 1.1 und 1.2 wiederfinden:

✔ **signature block** (Unterschriftsabschnitt)

✔ **enclosures notice** (Hinweis auf Anlagen)

✔ **copies notice** (Hinweis auf weitere Empfänger)

Der **signature block** beginnt mit der sogenannten **complimentary close** (Schlussformel). Sie kann so aussehen:

✔ **Sincerely yours,** (AE; Mit freundlichen Grüßen)

✔ **Yours truly,** (AE; Mit freundlichen Grüßen)

✔ **Yours faithfully,** (BE; Mit freundlichen Grüßen – wenn Sie in der **salutation** den Namen nicht genannt haben.)

✔ **Yours sincerely,** (BE; Mit freundlichen Grüßen – wenn Sie in der **salutation** den Namen genannt haben.)

 Im britischen Englisch können Sie das **comma** nach der **complimentary close** setzen, müssen es aber nicht.

Jetzt brauchen Sie Platz zum Unterschreiben. Gehört Ihre **signature** (Unterschrift) zu denen, die man absolut nicht lesen kann? Ob leserlich oder unleserlich, vier **blank lines** (Leerzeilen) nach der **complimentary close** folgt die **typed signature** (gedruckte Unterschrift), unter die Sie Ihre **company position** (Position innerhalb der Firma) setzen. Hier einige Beispiele:

✔ **chief executive officer / CEO** (Geschäftsführer)

✔ **sales manager** (Verkaufsleiter)

- ✔ **chief accountant** (Hauptbuchhalter)

- ✔ **gofer** (Laufbursche)

 Schreiben Sie im Auftrag eines anderen? Dann setzen Sie unter Ihre **signature** ein **p. p.** – **per pro** (i. A. – im Auftrag) – vor dessen Namen und Position.

Was müssen Sie jetzt noch kundtun? Falls Sie Anlagen beifügen oder den Brief an weitere Empfänger schicken, brauchen Sie diese Begriffe und Kürzel:

- ✔ **Enclosure / Enclosures / Encl. / enc.** (Anlage/n)

- ✔ **c. c. / cc** – kurz für **carbon copy** (Kopie, *wörtlich:* Durchschrift) oder **courtesy copy** (Kopie, *wörtlich:* Höflichkeitskopie) – gefolgt von der Angabe der Empfängernamen.

We Are Pleased to Inform You: Nützliche Redewendungen

Finden Sie es manchmal schwierig, den Text Ihres Briefes **straightforward** (unkompliziert) zu gestalten? Die drei **c** helfen Ihnen dabei:

- ✔ **clear** (klar)

- ✔ **concise** (kurzgefasst)

- ✔ **courteous** (höflich)

Dieser Abschnitt zeigt Ihnen anhand von nützlichen **phrases** (Redewendungen) und **sentences** (Sätze), wie Sie in immer wiederkehrenden Situationen erfolgreich mit Ihren **business partners** kommunizieren.

Bringen Sie Ihren Brief nach der **salutation** ohne Umschweife **to the point** (auf den Punkt). Dazu benutzen Sie:

✔ **I am writing to you about...** (Ich schreibe Ihnen wegen ...)

✔ **I am writing in reference to...** (Ich schreibe mit Bezug auf ...)

✔ **Thank you very much for your letter of June 12th.** (Vielen Dank für Ihren Brief vom 12. Juni.)

Sie können in einer **reference line** (Bezugszeile), die Sie direkt unter dem Datum platzieren, Bezug auf vorangegangene Korrespondenz nehmen. Das sieht dann so aus:

   ✔ **Your ref.** – kurz für **your reference** (Ihr Zeichen)

   ✔ **Our ref.** – kurz für **our reference** (Unser Zeichen)

Im Anschluss formulieren Sie Ihr Anliegen. Gute Nachrichten überbringen Sie so:

✔ **I am pleased to inform you that...** (Ich freue mich, Ihnen mitteilen zu können, dass ...)

✔ **I am pleased to notify you that...** (Ich freue mich, Ihnen mitteilen zu können, dass ...)

Manchmal müssen Sie auch schlechte Nachrichten zu Papier bringen. Tun Sie das am besten schonend:

✔ **I am sorry to inform you that...** (Es tut mir leid, Ihnen mitteilen zu müssen, dass ...)

✔ **I regret to inform you that...** (Ich bedaure, Ihnen mitteilen zu müssen, dass ...)

✔ **Unfortunately, I have to notify you that...** (Leider muss ich Sie darüber benachrichtigen, dass ...)

 Sie können die Bezugspersonen in den vorangegangenen Beispielen auch variieren:

> ✔ **I** (ich) / **me** (mich) / **my** (meine)
>
> ✔ **we** (wir) / **us** (uns) / **our** (unsere)

Die Formen von **we** wirken in der Regel förmlicher als die Formen von **I**.

Weitere Tipps zum Inhalt finden Sie in den Kapiteln 2 und 3. Jetzt geht es aber erst einmal darum, Ihren **business letter** zum Abschluss zu bringen:

✔ **I am looking forward to hearing from you.** (Ich freue mich darauf, von Ihnen zu hören.)

✔ **I look forward to receiving your reply.** (Ich freue mich darauf, Ihre Antwort zu erhalten.)

✔ **Enclosed please find...** (In der Anlage finden Sie ...)

✔ **If you have any questions, do not hesitate to contact me.** (Für Rückfragen stehe ich gern zur Verfügung, *wörtlich:* Wenn Sie weitere Fragen haben, zögern Sie nicht, mich zu kontaktieren.)

Stellen Sie sich darauf ein, dass Ihr **recipient** den letzten Satz wörtlich nimmt. Sie können die folgenden Antwortbriefe, die Sie schreiben müssen, unter »Übung« verbuchen.

Writing Manners: Den korrekten Ton treffen

Alle **phrases** und **sentences**, die Sie in den ersten Abschnitten dieses Kapitels finden, sind **formal** (förmlich) gehalten. Die Geschäftswelt setzt nun einmal eine förmliche Atmosphäre voraus. Jedoch gibt es Situationen, die einen persönlicheren, **informal** (formlosen) Umgangston zulassen. Wenn Sie Ihren **business partner** schon kennen, können Sie diese **salutations** und **complimentary closes** verwenden:

✔ **Dear Sarah, / Dear Douglas,** (Liebe Sarah, / Lieber Douglas,)

✔ **Best regards, / Kind regards,** (Beste Grüße, / Liebe Grüße,)

✔ **Best wishes,** (Beste Grüße, *wörtlich:* Beste Wünsche,)

 Dear, dear, dear. Oh dear. (Oh je.) So viele **dears** auf einmal? Im Englischen wird – anders als im Deutschen – in der **salutation** nur ein **dear** verwendet: **Dear Sarah, Douglas, and Charles,** (Liebe Sarah, lieber Douglas, lieber Charles,). Sie schlagen also gleich mehrere Fliegen mit einer Klappe. Passen Sie aber auf, dass Sie das nicht auf dem **stationery** tun – das könnte hässliche Flecken geben …

FYI: »first names«

Besonders wenn Sie mit Geschäftspartnern in den USA oder Großbritannien korrespondieren, ist es üblich, dass Ihr **last name** (AE) / **surname** (BE) (Nachname) in den Hintergrund gerät. Wundern Sie sich daher nicht, wenn Sie mit Ihrem **first name** (Vorname) angeschrieben werden. Es ist eine Einladung für Sie, das auch zu tun.

✔ **Ms. Sockhole** wird so schnell zu **Sarah**.

✔ **Mr. Casebeer** wird so schnell zu **Douglas**.

Beim nächsten Treffen sollten Sie sich dennoch nicht in die Arme fallen. Es ist und bleibt – genauso wie der **business letter** – eine berufliche Angelegenheit.

Auch den **main body** (Hauptteil) Ihres **business letter** können Sie **formal (f)** oder **informal (i)** gestalten. Einige Beispielpaare dafür finden Sie hier:

✔ **(f): I am pleased to inform you that…** (Ich freue mich, Ihnen mitteilen zu können, dass …)

✔ **(i): I am happy to let you know that…** (Ich freue mich, Ihnen/Dir zu sagen, dass …)

✔ **(f): I am writing to notify you that…** (Ich schreibe Ihnen, um Ihnen mitzuteilen, dass …)

✔ **(i): I am writing to let you know that…** (Ich schreibe Ihnen/Dir, um Sie/Dich wissen zu lassen, dass …)

✔ **(f): I regret to inform you that…** (Ich bedaure, Ihnen mitteilen zu müssen …)

✔ **(i): I am sorry to have to tell you that...** (Es tut mir leid, dass ich Ihnen/Dir sagen muss, dass ...)

✔ **(f): If you require further assistance...** (Wenn Sie/Du weitere Hilfe brauchen/brauchst ...)

✔ **(i): If you need any more help...** (Wenn Sie/Du weitere Hilfe brauchen/brauchst, ...)

Mit diesem Handwerkszeug ausgerüstet, können Sie jetzt loslegen und Ihren **business letter** zu Papier (oder zunächst auf den Bildschirm) bringen. Die folgenden Kapitel dieses Teils liefern Ihnen dazu weitere Informationen und Ideen.

Kleiner Wortschatz

Englisch	Deutsch
business letter	Geschäftsbrief
correspondence	Korrespondenz
business partner	Geschäftspartner
recipient	Empfänger
addressee	Empfänger
margin	Rand
subject line	Betreffzeile
signature	Unterschrift
enclosure	Anlage
reference line	Bezugszeile
main body	Hauptteil

Content Matters: Den Inhalt richtig formulieren

In diesem Kapitel

✔ Anfragen und Angebote treffend formulieren

✔ Auf Korrespondenz korrekt reagieren

✔ Briefe und Faxe richtig adressieren

Kommt es Ihnen beim Schreiben von **business letters** auch manchmal so vor, als wären Sie in dem Film **»Groundhog Day«** (»Und täglich grüßt das Murmeltier«) gelandet? Dann sind Sie mit Ihren Briefen in bester Gesellschaft, denn es ist einfach so, dass sich bestimmte Situationen ständig wiederholen.

In diesem Kapitel erfahren Sie, wie Sie **inquiries** (Anfragen) so gestalten, dass Sie garantiert eine **reply** (Antwort) erhalten. Sie finden auch Tipps für ansprechend formulierte **offers** (Angebote). Darüber hinaus versorgt Sie dieses Kapitel mit nützlichen Textbausteinen, mit denen Sie auf **business letters** antworten können. Zu guter Letzt wird Ihnen beim Adressieren von **letters** und **faxes** (Faxe) geholfen. Denn Sie wollen ja, dass Ihr Werk zeitnah in die richtigen Hände gelangt …

Inquiries: Anfragen verfassen

Michel de Montaigne, ein französischer Philosoph, soll einmal gesagt haben: **»The world is but a school of inquiry.«** (Die Welt ist eine Schule des Nachfragens.) Nehmen Sie in diesem Abschnitt an einem kleinen Kurs im Anfragen auf Englisch teil. Diese Informationen sollten Sie geben:

✔ **some information about yourself** (einige Informationen über Sie selbst)

✔ **how you heard about the person or company you are writing to** (wie Sie von der Person oder Firma, der Sie schreiben, erfahren haben)

✔ **the type of information that you require** (die Art von Informationen, die Sie benötigen)

 Bei Anfragen gibt es einen Unterschied zwischen amerikanischem und britischem Englisch:

    ✔ **inquiry** (AE) / **enquiry** (BE) (Anfrage)

Genauso verhält es sich mit den dazugehörigen Verben:

    ✔ **to inquire** (AE) / **to enquire** (BE) (anfragen)

Nach diesen Informationen können Sie fragen:

✔ **details of products or services that you are interested in** (Details zu den Produkten oder Dienstleistungen, an denen Sie interessiert sind)

✔ **sample unit** (Musterexemplar) / **demonstration** (Vorführung)

✔ **terms of payment and delivery** (Bedingungen für Bezahlung und Lieferung)

 An wen wollen Sie Ihre **inquiry** richten? Das wissen Sie gar nicht so genau? Dann setzen Sie statt einer genauen **salutation** – mehr dazu erfahren Sie in Kapitel 1 – einfach diese Zeile:

✔ **To whom it may concern:** (An die zuständige Stelle/Abteilung, *wörtlich:* An denjenigen, den es betrifft:)

Jetzt können Sie nur noch hoffen, dass Ihre **inquiry** die zuständige Person erreicht. Immerhin haben Sie die **salutation** elegant auf Englisch formuliert.

Beginnen Sie damit, etwas über sich selbst zu schreiben, damit der **addressee** weiß, mit wem er es zu tun hat:

✔ **We are a company located in Kiel, Germany that specializes in renewable energies.** (Wir sind eine Firma aus Kiel in Deutschland, die sich auf erneuerbare Energien spezialisiert hat.)

✔ **Our law firm is based in Vienna, Austria. We handle mainly class action lawsuits.** (Unsere Anwaltskanzlei hat ihren Sitz in Wien, Österreich. Wir sind auf Sammelklagen spezialisiert.)

✔ **I am the senior sales manager of a Swiss chocolate manufacturer.** (Ich bin der Vertriebsleiter einer Schweizer Schokoladenfabrik.)

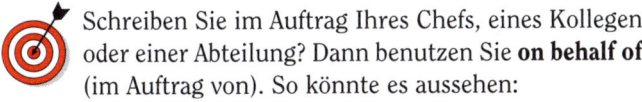 Schreiben Sie im Auftrag Ihres Chefs, eines Kollegen oder einer Abteilung? Dann benutzen Sie **on behalf of** (im Auftrag von). So könnte es aussehen:

✔ **I am writing to you on behalf of the quality assurance department of ACME Technologies.** (Ich schreibe Ihnen im Auftrag der Abteilung für Qualitätssicherung von ACME Technologies.)

Weiter geht es mit einer kurzen Mitteilung darüber, woher Sie den Angeschriebenen kennen:

- ✔ **You were recommended to me / us by...** (Sie wurden mir/uns empfohlen von …)

- ✔ **...told me about you.** (… hat mir von Ihnen erzählt.)

- ✔ **We heard about you from...** (Wir haben durch … von Ihnen gehört.)

- ✔ **I read about you in...** (Ich habe in … von Ihnen gelesen.)

Jetzt kommen Sie zum Punkt. Was wollen Sie überhaupt fragen? Vielleicht Folgendes:

- ✔ **I am / we are interested in...** (Ich bin/wir sind an … interessiert.)

- ✔ **I / we would like details about...** (Ich/wir hätte/hätten gern Details über … erfahren.)

- ✔ **Could you please send me / us an offer for...?** (Können Sie mir/uns bitte ein Angebot zu … schicken?)

 Bei einer Anfrage ist es besonders wichtig, **courteous** (höflich) zu sein. Mit den kleinen Wörtchen **would** (würde), **could** (könnte) und **appreciate** (schätzen) erreichen Sie es:

- ✔ **I would appreciate it if you could send me a sample.** (Ich wäre Ihnen dankbar, wenn Sie mir ein Muster schicken könnten.)

- ✔ **We would very much appreciate receiving your offer.** (Es würde uns sehr freuen, Ihr Angebot zu erhalten.)

Weitere Details zur Anfrage können Sie auf viele Arten erhalten. Hier einige Beispiele:

- ✔ **I would like to receive further information about…** (Ich würde gern weitere Informationen über … erhalten.)

- ✔ **What sets your service apart from…?** (Was hebt Ihre Dienstleistung von … ab?)

- ✔ **Is it possible to arrange an in-house demonstration of your product?** (Ist es möglich, eine Vorführung Ihres Produkts vor Ort zu arrangieren?)

FYI: »on approval« und »sale or return«

Haben Sie sich noch nicht endgültig dazu entschlossen, ein bestimmtes Produkt zu kaufen? Wollen Sie sich die Möglichkeit offenhalten, ein Produkt zurückzugeben, wenn es sich nicht verkauft? Dann fragen Sie nach diesen Möglichkeiten:

- ✔ **on approval** (zur Ansicht)

- ✔ **sale or return** (Kauf mit Rückgaberecht)

Nun bleibt nur noch eines übrig: Was kostet der Spaß und wie kommt er zu Ihnen ins Haus? Fragen Sie nach:

- ✔ **Could you send us a detailed price list?** (Können Sie uns eine ausführliche Preisliste zuschicken?)

- ✔ **Do you offer quantity or trade discounts?** (Bieten Sie Mengen- oder Großhandelsrabatte an?)

- ✔ **What methods of payment do you accept?** (Welche Zahlungsarten akzeptieren Sie?)

✔ **Is shipping included in the advertised price?** (Ist der Versand im beworbenen Preis enthalten?)

Dann schließen Sie Ihre **inquiry** nur noch mit einer der **complimentary closes** ab. Darüber können Sie mehr in Kapitel 1 erfahren.

Offers and Replies: Angebote und Antwortschreiben treffsicher gestalten

Bei jedem Antwortschreiben sollten Sie sich darüber im Klaren sein, dass der erste Eindruck zählt. Würden Sie eines Ihrer **products** oder **services** kaufen? Sie sagen »yes«? Sehr gut. Das liegt wahrscheinlich daran, dass Sie in Ihrem **offer** (Angebot) diese Punkte berücksichtigt haben:

✔ **a clear statement of what the product or service is** (eine klare Aussage darüber, worum es sich bei dem Produkt oder der Dienstleistung handelt)

✔ **why the prospective customer should buy the product or service** (warum der potenzielle Kunde das Produkt oder die Dienstleistung kaufen sollte)

✔ **what the product or service costs** (was das Produkt oder die Dienstleistung kostet)

✔ **what discounts you are prepared to offer** (welche Nachlässe Sie eventuell anbieten können)

Denken Sie daran, sich gleich zu Anfang kurz für die Anfrage zu bedanken:

✔ **We are pleased to receive your inquiry.** (Wir haben uns über Ihre Anfrage gefreut.)

✔ **Thank you for your inquiry of June 12th.** (Haben Sie vielen Dank für Ihre Anfrage vom 12. Juni.)

✔ **Thank you for your interest in…** (Haben Sie vielen Dank für Ihr Interesse an …)

Jetzt ist es an der Zeit, Ihr **product** oder Ihren **service** vorzustellen:

✔ **The new XL2000 is the only product of its kind to offer you the latest technology.** (Der neue XL2000 ist das einzige Produkt seiner Art, das Ihnen die neueste Technologie bietet.)

✔ **Once you have seen the new XL2000 in action, you will be impressed.** (Sobald Sie den neuen XL2000 im Einsatz gesehen haben, werden Sie beeindruckt sein.)

✔ **With our new service, you will never have to worry about details again.** (Mit unserer neuen Dienstleistung werden Sie sich nie wieder Sorgen um Details machen müssen.)

FYI: »quote«

Haben Sie schon einmal jemanden zitiert? Im Englischen heißt das »**to quote**«. Für Ihr **offer** hat **to quote** aber auch noch andere Bedeutungen:

✔ **to quote a price** (ein Preisangebot machen)

✔ **to quote terms** (Bedingungen aufführen)

✔ **to quote conditions** (Konditionen angeben/nennen)

Das passende Substantiv dazu heißt übrigens – genauso wie beim Zitat – **quote** oder **quotation**.

 That's gross. (Das ist eklig.) Halt. In diesem Fall hat **gross** noch eine andere Bedeutung. Aber sehen Sie selbst – mit anderen wichtigen Begriffen aus dieser Liste:

✔ **gross price** (Bruttopreis)

✔ **net price** (Nettopreis)

✔ **estimate** (Kostenvoranschlag)

✔ **tender** (Angebot bei Ausschreibung)

Jetzt geht es ans Eingemachte – den Preis:

✔ **We can offer you a net price of…per unit.** (Wir können Ihnen einen Nettopreis von … pro Einheit anbieten.)

✔ **Our quote of…per unit is a gross price which includes delivery.** (Unser Angebot von … pro Einheit ist ein Bruttopreis inklusive Lieferung.)

✔ **We can quote you a price of € 3,000 per container.** (Wir können Ihnen einen Preis von 3.000 Euro pro Container anbieten.)

✔ **The calculated estimate for the remodeling is…** (Der Kostenvoranschlag für die Renovierung beträgt …)

 One, two, check. (Eins, zwei, Test). Bevor Sie einen Antwortbrief abschicken, überprüfen Sie:

  ✔ Haben Sie die Fragen Ihres Kunden beantwortet?

  ✔ Haben Sie die Argumente vorgebracht, die Sie vorbringen wollten?

  ✔ Sind Ihre Preisangebote korrekt?

  Mehr zum Abschicken und korrekten Adressieren des Briefes finden Sie im Abschnitt »Mailing Letters: Briefe und Faxe versenden«.

Wie flexibel sind Sie? Können Sie Ihrem Kunden **incentives** (Anreize) bieten, damit er Ihnen den Auftrag erteilt? Versuchen Sie es mit diesen Sätzen:

✔ **We are prepared to offer you a 10 percent discount on a bulk purchase of 100 or more units.** (Wir sind bereit, Ihnen einen Nachlass von 10 Prozent auf eine Großbestellung von 100 oder mehr Exemplaren zu geben.)

✔ **If you pay within 10 days, we are willing to give you a 3 percent price reduction.** (Wenn Sie innerhalb von zehn Tagen zahlen, können wir Ihnen einen Preisnachlass von 3 Prozent gewähren.)

✔ **On orders of €10,000 or more, international express shipping is included in the quoted price.** (Bei Bestellungen über 10.000 Euro ist der internationale Expressversand im Angebot enthalten.)

Egal, ob Sie zu **fixed terms** (feste Bedingungen) oder **negotiable terms** (verhandelbare Bedingungen) anbieten: Nach der **complimentary close** müssen Sie den Brief nur noch auf den Weg bringen.

Mailing Letters: Briefe und Faxe versenden

Was brauchen Sie neben dem Brief selbst, um ihn zu verschicken? Richtig, folgende Dinge:

✔ **envelope** (Briefumschlag)

✔ **stamp** (Briefmarke)

✔ **address** (Adresse)

✔ **return address** (Absenderadresse)

Die drei Letzteren finden auf dem **envelope** ihren Platz. Ihre **return address** kennen Sie sicherlich. Über die richtige **stamp** können Sie sich beim **post office** oder der Internetsuchmaschine Ihres Vertrauens erkundigen. Es bleibt also nur noch eine wichtige Komponente: die **address** des Empfängers.

 Bei **window envelopes** haben Sie es einfach: Die **inside address** schaut direkt durchs Fenster. Aber auch sonst ist es nicht schwierig. Sie können die **inside address** auf den Umschlag kopieren. **That's all.** (Das ist alles.) Tipps zur richtigen Formatierung von Adressen finden Sie in Kapitel 1.

Bei **faxes** wäre ein Umschlag eher hinderlich. Nichtsdesto-trotz sollen auch diese Dokumente ihren Adressaten errei-chen. Dazu brauchen Sie – richtig geraten – seine **fax num-ber** (Faxnummer). Zusätzlich benötigen Sie das **international dialing prefix** (internationale Verkehrsausscheidungsziffer) für das Land, aus dem Sie anrufen. Es wird bei **international phone numbers** (internationalen Telefonnummern) üblicher-weise durch ein »+« ersetzt. Hier die wichtigsten drei:

✔ Deutschland, Österreich, Schweiz, Großbritannien: 00

✔ USA: 011

✔ Australien: 0011

 Benutzen Sie auch Ihre Lieblingssuchmaschine im Internet, um nach aktuellen internationalen Vorwahlen oder der internationalen Verkehrsaus-scheidungsziffer für Ihren Telefonanbieter zu suchen. So stellen Sie sicher, dass Sie nicht diese Meldung von Ihrem Faxgerät erhalten:

✔ **The number you dialed is not a working number.** (Die Nummer, die Sie gewählt haben, ist außer Betrieb.)

✔ **Please check the number and dial again.** (Prüfen Sie bitte die Nummer und wählen Sie noch einmal.)

Auf das **international dialing prefix** folgen dann die **country calling codes** (internationale Vorwahlen) – diese finden Sie ebenfalls bei Ihrer Lieblingssuchmaschine im Internet oder auch im Pocketbuch *Telefonieren auf Englisch für Dummies* (ebenfalls im Verlag Wiley-VCH erschienen).

Ihr Geschäftspartner in den USA könnte diese Faxnummer haben: 212-555-4309.

Aus Deutschland, Österreich oder der Schweiz müssen Sie dann 00-1-212-555-4309 wählen, um eine Verbindung herstellen zu können. Und schon ist Ihr Fax übermittelt.

 Vergessen Sie nicht, Ihre **fax number** in Ihr Faxgerät zu programmieren. Sie erscheint dann ganz oben auf dem Fax. So kann der **recipient** sofort erkennen, wohin er die **reply** schicken kann.

Kleiner Wortschatz

Englisch	Deutsch
inquiry (AE), **enquiry** (BE)	Anfrage
to inquire (AE), **to enquire** (BE)	anfragen
reply	Antwort
offer	Angebot
payment	Bezahlung
delivery	Lieferung
to recommend	empfehlen
price list	Preisliste
discount	Nachlass, Rabatt
to receive	erhalten
gross	brutto
net	netto
bulk purchase	Großbestellung

Variety is the spice of life. (Abwechslung macht Freude, *wörtlich:* Abwechslung ist die Würze des Lebens.) Was für das Leben richtig ist, kann auch für **business letters** nicht falsch sein. In diesem Kapitel erfahren Sie, wie Sie **letters of complaint** (Reklamationsschreiben) verfassen und auf diese angemessen reagieren. Darüber hinaus bringen Sie **invitations** (Einladungen) zu verschiedenen Veranstaltungen zu Papier. Und zu guter Letzt teilen Sie Freud und Leid mit Ihren Geschäftsfreunden, denn unter anderem versenden Sie **congratulations** (Glückwünsche) und sprechen **condolences** (Beileid) aus. **Cheer up!** (Kopf hoch!)

Dealing with Complaints: Mit Reklamationen umgehen

»Ich hätt da gern mal ein Problem.« Sicherlich kennen Sie diesen Satz von dem Komödianten Bodo Bach. Wenn Sie ein **letter of complaint** schreiben, haben Sie bereits ein Problem – dieses gilt es zu lösen. Selbstverständlich können Sie sofort zum Telefon greifen und anrufen. Wenn Sie Ihr Anliegen jedoch schriftlich formulieren, haben beide Seiten mehr Zeit, um angemessen mit der Situation umzugehen. Diese Satzbausteine bringen Sie Ihrem Ziel ein wenig näher:

✔ **I am writing to complain about…** (Ich schreibe Ihnen, um mich über … zu beschweren.)

✔ **There seems to be a mistake.** (Es scheint ein Fehler vorzuliegen.)

✔ **There appears to be a misunderstanding.** (Es scheint ein Missverständnis zu geben.)

✔ **I would be grateful if you could look into the matter.** (Ich wäre dankbar, wenn Sie sich der Sache annehmen könnten.)

Haben Sie die kleinen Wörtchen **seem** (scheinen), **appear** (scheinen), **would** (würde) und **could** (könnte) in den Sätzen entdeckt? Kleine Wörter – große Wirkung. Denn: **What goes around, comes around.** (Wie man in den Wald hineinruft, so schallt es heraus, *wörtlich:* Was herumgeht, kommt zurück.) Mit diesen Wörtern bringen Sie das Anliegen höflich vor.

 Ein **letter of complaint** sollte **courteous** (höflich) und nicht **curt** (kurz und schroff) sein. Meiden Sie zum Beispiel diese Begriffe:

✔ **infuriated** (wütend)

✔ **disgusted** (empört)

✔ **devastated** (am Boden zerstört)

Das heißt nicht, dass Sie nicht **firm** (bestimmt) sein können. Weniger ist in diesem Fall mehr. Versuchen Sie es doch einmal so:

✔ **I am far from satisfied with...** (Ich bin alles andere als zufrieden mit …)

✔ **We have discovered an error in...** (Wir haben einen Fehler in … entdeckt.)

✔ **The mistake appears to have originated on your side.** (Der Fehler scheint bei Ihnen entstanden zu sein.)

Denken Sie daran, das **problem** (Problem) genau zu beschreiben. Wenn Sie können, liefern Sie gleich **solutions to the problem** (Lösungsvorschläge) mit:

✔ **I propose that we deal with the problem in the following way.** (Ich schlage vor, dass wir mit dem Problem wie folgt umgehen.)

✔ **The best solution would be...** (Die beste Lösung wäre …)

✔ **As an alternative, I suggest that...** (Als Alternative schlage ich vor, dass …)

Wenn Sie die Problemlösung lieber der anderen Seite überlassen möchten, drehen Sie den Spieß um:

✔ **How do you propose we deal with the problem?** (Wie sollen wir Ihrer Meinung nach mit dem Problem verfahren)

✔ **What do you consider the best solution?** (Was halten Sie für die beste Lösung?)

✔ **Can you suggest any alternatives?** (Können Sie andere Möglichkeiten vorschlagen?)

Weitere Elemente finden Sie auch in Kapitel 1. Ein Beispiel für einen **letter of complaint** sehen Sie in Abbildung 3.1.

Letter of Complaint

Singh Trading Company
A/97, Mahatma Ghandi Street
Mumbai - 400003
Maharashtra, India

July 24, 2011

Mr. Thomas Hansen
Sales Department
Baltic Engineering
Ostseestrasse 1
24100 Kiel
Germany

Re: First shipment of the XL2000

Dear Mr. Hansen:

Thank you very much for your first shipment of the new XL2000, which arrived today.

There seems to be a mistake. Unfortunately, the color of the units is wrong. The mistake appears to have originated on your side, since we specified the color of our choice on the order form.

How do you propose to deal with the problem?

I look forward to hearing from you as soon as possible.

Sincerely yours,

Harmit Singh

Harmit Singh

Abbildung 3.1: Ein typischer **letter of complaint**

FYI: »mistake«, »error«, »fault«

Der Fehlerteufel hat sich eingeschlichen. Aber nein, keine Angst: Dieses Buch wurde vor dem Druck gewissenhaft kontrolliert. Schauen Sie sich einmal diese drei Wörter für »Fehler« an:

✔ **mistake** (Fehler – wenn Sie aus Versehen etwas falsch machen, sagen oder schreiben)

✔ **error** (Fehler – förmliche Variante von **mistake**)

✔ **fault** (Fehler – Defekt an einer Maschine, einem System oder Design)

Wenn Sie jetzt noch einen Fehler finden: **It's not our fault…** (Es ist nicht unsere Schuld …). So können Sie **fault** nämlich auch verwenden.

Die **letters of complaint** flattern täglich bei Ihnen auf den Schreibtisch? Hoffentlich ist das nicht der Fall. Aber auch auf vereinzelte Beschwerden sind Sie mit dieser Vorgehensweise vorbereitet:

✔ **acknowledge receipt of the letter of complaint** (den Eingang des Beschwerdeschreibens bestätigen)

✔ **apologize for the inconvenience** (für Unannehmlichkeiten um Entschuldigung bitten)

✔ **assume or reject responsibility for the mistake** (Verantwortung für den Fehler übernehmen/ablehnen)

✔ **suggest solutions to the problem** (Lösungen für das Problem vorschlagen)

In Kapitel 1 erfahren Sie, wie Sie den Eingang eines Schreibens bestätigen. Weiter geht es so:

✔ **We apologize for any inconvenience the issue has caused you.** (Wir möchten uns für etwaige Unannehmlichkeiten entschuldigen, die Ihnen die Angelegenheit bereitet hat.)

✔ **I am sorry that this matter has caused you such inconvenience.** (Ich bitte Sie, die Unannehmlichkeiten zu entschuldigen.)

✔ **We realize that the mistake was due to a fault on our side.** (Wir wissen, dass der Fehler auf ein Verschulden unsererseits zurückzuführen ist.)

✔ **We cannot agree that the mistake originated on our side.** (Wir sehen nicht, dass der Fehler auf unserer Seite entstanden ist.)

 Brauchen Sie Zeit, um die Angelegenheit eingehend zu prüfen? Auch wenn Sie das Problem noch nicht gelöst haben, ist Ihr Gegenüber dankbar für eine Antwort:

   ✔ **The matter needs to be looked into.** (Die Angelegenheit muss genauer untersucht werden.)

   ✔ **We are already dealing with the problem.** (Wir kümmern uns bereits um das Problem.)

   ✔ **We will present a solution to the problem as soon as possible.** (Wir werden so bald wie möglich eine Lösung für das Problem nennen.)

Wieder geradebiegen sollten Sie das Problem natürlich auch. Stellen Sie Lösungen vor:

✔ **The problem can best be solved in the following way.**
(Das Problem kann am besten wie folgt gelöst werden.)

✔ **I suggest we take the following steps.** (Ich schlage vor, dass wir folgende Schritte unternehmen.)

✔ **We propose the following alternative.** (Wir schlagen folgende Alternative vor.)

 Um ein Problem zu lösen, sollten Sie es auch zum Ausdruck bringen können. Finden Sie Ihr Problem in dieser Auswahl:

✔ **delay** (Verspätung) / **mix-up** (Verwechslung) / **wrong consignment** (Falschlieferung)

✔ **damage** (Beschädigung) / **defect** (Defekt) / **malfunction** (Fehlfunktion)

✔ **wrong size** (falsche Größe) / **wrong color** (falsche Farbe) / **peculiar smell** (seltsamer Geruch)

Abbildung 3.2 zeigt, wie Sie einen **letter of complaint** beantworten können.

RSVP: Einladungen verschicken

Man soll die Feste feiern, wie sie fallen. Und da den meisten Menschen allein zu feiern keinen Spaß macht, müssen sie dazu einladen. Aber auch zu **conferences** (Konferenzen) und anderen **professional occasions** (beruflichen Anlässen) können Sie die Einzuladenden so anschreiben:

Reply to Letter of Complaint

Baltic Engineering
Ostseestrasse 1
24100 Kiel
Germany

July 30, 2011

Ms. Harmit Singh
Singh Trading Company
A/97, Mahatma Ghandi Street
Mumbai - 400003
Maharashtra, India

Re: First shipment of the XL2000

Dear Ms. Singh:

Thank you for your letter of July 24.

I am sorry that the color of the shipped XL2000s is not the color which you had chosen. We realize that this is due to a mistake on our side and would like to apologize for any inconvenience this might have caused you.

I propose that we deal with the problem in the following way. Since the colored covers are replaceable, there is an easy solution to the problem. We will send you a shipment of new covers in the correct color right away.

As a reimbursement for the inconvenience, I can offer you free shipment for the second delivery.

Again, please accept my apologies for this error.

Sincerely yours,

Thomas Hansen

Thomas Hansen
Head of Sales

Abbildung 3.2: Eine Antwort auf einen **letter of complaint**

✔ **I would like to invite you to...** (Ich möchte Sie zu … einladen.)

✔ **We are pleased to invite you to...** (Es freut uns, Sie zu … einzuladen.)

✔ **We would be pleased if you could attend...** (Wir würden uns freuen, wenn Sie an … teilnehmen könnten.)

FYI: »RSVP«

Vier kleine Buchstaben: **RSVP.** Haben Sie das schon einmal gesehen und sich gefragt, was es bedeutet? Damit sind Sie nicht allein. **RSVP** ist eine Abkürzung für das französische »Répondez s'il vous plaît« (Um Antwort wird gebeten). Manchmal kommt noch **»regrets only«** (nur Absagen) hinzu. So müssen Sie nur antworten, wenn Sie nicht kommen (können, wollen, dürfen …).

Vergessen Sie auf Ihrer **invitation** diese Elemente nicht:

✔ **the occasion** (den Anlass)

✔ **the date** (das Datum)

✔ **the location** (den Ort)

 Black tie. (Schwarzer Schlips). **White tie.** (Weißer Schlips). Hier geht es aber nicht um die Farbe der Krawatte, sondern um den **dress code** (Kleiderordnung). Auf Ihrer **invitation** können Sie diese Hinweise zur Bekleidung Ihrer Gäste geben:

- ✔ **business casual** (legere Bürokleidung – Hemd mit Kragen, keine Jeans)

- ✔ **black tie / semi-formal** (halbförmliche Abendkleidung – Anzug mit Krawatte, Kleid für die Dame)

- ✔ **white tie / formal** (förmliche Abendkleidung – Frack, langes Abendkleid für die Dame)

- ✔ **casual** (leger)

Bei **casual** könnten Sie sogar im Trainingsanzug erscheinen. Ob Sie das wollen, ist eine ganz andere Sache …

Wenn Sie auf eine **invitation** antworten, fangen Sie am besten mit einem Dank an. Danach sagen Sie zu oder ab:

- ✔ **Thank you very much for your kind invitation to…** (Vielen Dank für Ihre Einladung zu …)

- ✔ **I would be pleased to attend…** (Ich nehme gern an … teil.)

- ✔ **I regret that I will not be able to attend…** (Ich bedaure, nicht an … teilnehmen zu können.)

Egal woran Sie teilnehmen: **Have fun!** (Viel Spaß!)

Personal Matters: Besondere Korrespondenz mit Geschäftsfreunden

Congratulations (Glückwünsche) **and celebrations** (Feierlichkeiten). Manche Ihrer **business partners** kennen Sie sicherlich näher. Je länger die Geschäftsbeziehung besteht, desto persönlicher wird häufig die Kommunikation. Zu diesen Anlässen können Sie Glückwünsche versenden:

✔ **birthday** (Geburtstag)

✔ **wedding** (Hochzeit)

✔ **birth of a child** (Geburt eines Kindes)

✔ **promotion** (Beförderung)

✔ **retirement** (Eintritt in den Ruhestand)

Ihre Glückwünsche sehen dann vielleicht so aus:

✔ **Congratulations and best wishes on your birthday/wedding.** (Herzlichen Glückwunsch und die besten Wünsche zu Ihrem Geburtstag/Ihrer Hochzeit.)

✔ **Many happy returns of the day.** (Alles Gute zum Geburtstag, *wörtlich:* Möge dieser Tag oft glücklich wiederkehren.)

✔ **My heartfelt congratulations on the birth of your son/daughter/child.** (Meine herzlichsten Glückwünsche zur Geburt Ihres Sohnes/Ihrer Tochter/Ihres Kindes.)

✔ **Please accept my warmest congratulations on your promotion.** (Meine herzlichsten Glückwünsche zu Ihrer Beförderung.)

✔ **Let me offer you my best wishes on your retirement.** (Zum Ruhestand von mir alles Gute.)

Während Glückwünsche relativ einfach von der Hand gehen, ist es bei traurigen Anlässen oft schwieriger, die richtigen Worte zu finden. Vielleicht helfen Ihnen diese Beispielsätze:

✔ **I was shocked to hear that...has passed away.** (Ich war bestürzt vom Tod von ... zu hören.)

✔ **Please accept our condolences on the death of...** (Bitte nehmen Sie unser Beileid zum Tod von ... an.)

✔ **I would like to express my sympathy with the bereaved.** (Ich möchte mein Mitgefühl mit den Hinterbliebenen zum Ausdruck bringen.)

Kleiner Wortschatz

Englisch	Deutsch
document	Schriftstück
letter of complaint	Reklamationsschreiben
invitation	Einladung
congratulations	Glückwünsche
condolences	Beileid
solution	Lösung
to suggest	vorschlagen
to consider	halten für
to apologize	entschuldigen
inconvenience	Unannehmlichkeit
to attend	teilnehmen
to regret	bedauern

Teil II

Business E-Mail: Elektronische Post

In diesem Teil …

Sie bevorzugen statt der klassischen Briefpost die schnelle **e-mail** (E-Mail)? Dieser Teil hilft Ihnen, englische **e-mails** so zu gestalten, dass Sie sie sinnvoll für Ihre **business correspondence** (Geschäftskorrespondenz) einsetzen können. Wenn Sie Ihre Kenntnisse der E-Mail-Etikette auffrischen wollen, erhalten Sie hier Hinweise zum Umgang mit Empfängern und E-Mail-Adressen. Darüber hinaus finden Sie nützliche Tipps zu Kürzeln in Betreffzeilen und zum Einsatz von Anhängen. Außerdem koordinieren Sie Termine und machen Reisearrangements am Computer. **Explore the possibilities!** (Erkunden Sie die Möglichkeiten!)

---

* »Lassen Sie sich Zeit und versuchen Sie, die Person zu identifizieren, die Sie per E-Mail angegriffen hat.«

First Impressions:
Das Erscheinungsbild von E-Mails

4

You've got mail. (Sie haben Post.) Neben Telefon und Briefpost hat sich die **electronic mail** (elektronische Post) heute bei der Korrespondenz mit internationalen **business partners** weitgehend durchgesetzt, nicht zuletzt, weil Sie sich über Zeitzonen und Brieflaufzeiten keine Gedanken machen müssen. Beim Verfassen und Versenden von **e-mails** (E-Mails) sollten Sie einige grundlegende Dinge beachten. Aus Ihrer Erfahrung mit deutschsprachigen **e-mails** kennen Sie vieles sicherlich schon. Dieses Kapitel frischt Ihre Kenntnisse auf:

✔ Sie erfahren, wie Sie richtig mit **recipients** (Empfänger) und deren **e-mail addresses** (E-Mail-Adressen) umgehen.

✔ Sie erhalten Tipps, wie Sie **subject lines** (Betreffzeilen) und **e-mails** aussagekräftig und ansprechend gestalten.

✔ Sie lesen, wie Sie **attachments** (Anhänge) wirkungsvoll einsetzen.

E-Mail Etiquette:
Der richtige Umgang mit Empfängern

Bei der **e-mail** wird die **etiquette** (Etikette) zur **netiquette** (Netikette). Gerade im Geschäftsleben sollten Sie auch im **net** (Netz) eine gewisse Form wahren. Bauen Sie Ihre **business e-mail** ähnlich wie einen **business letter** auf. Neben der E-Mail-Adresse brauchen Sie diese Elemente dazu:

✔ **salutation** (Anrede)

✔ **body text** (Haupttext)

✔ **complimentary close** (Schlussformel)

 Für jeden Geschäftsanlass gibt es die passende Form der Kommunikation. Manchmal ist es effizienter, telefonisch Kontakt mit Ihrem **business partner** aufzunehmen. Manchmal ist ein **business letter** die beste Lösung. In vielen Fällen jedoch ist eine **e-mail** angebracht, denn **e-mails** sind **fast** (schnell), **short** (kurz) und **simple** (schlicht), wenn Sie die Tipps in diesem Kapitel beherzigen.

Um Ihre **e-mail** an den Mann (oder die Frau) zu bringen, brauchen Sie seine (beziehungsweise ihre) **e-mail address**. Diese können Sie in verschiedene Felder eingeben. Aller guten Dinge sind drei:

✔ **To...** (An ...) – In dieses Feld tragen Sie die Hauptempfänger der **e-mail** ein.

✔ **Cc.../courtesy copy** (Kopie) – In dieses Feld tragen Sie weitere Empfänger der **e-mail** ein.

✔ **Bcc.../blind courtesy copy** (Blindkopie) – Hier tragen Sie die Empfänger ein, die von den anderen aus den

Feldern **To…** und **Cc…** nicht gesehen werden sollen – zum Beispiel Ihren Chef …

 Der Mensch ist ein Herdentier. Wenn Sie häufig **e-mails** an große Empfängergruppen senden, können Sie eine **group** (Gruppe) erstellen. Zum einen vereinfachen Sie damit Ihren Arbeitsprozess. Zum anderen wahren Sie die Privatsphäre der Empfänger – ihre Namen und **e-mail addresses** werden in den gesendeten **e-mails** nämlich nicht angezeigt.

 Wenn mehrere Adressaten im Spiel sind, berücksichtigen Sie beim Eingeben der **e-mail addresses** die Karriereleiter. Damit Sie nicht Gefahr laufen herunterzufallen, setzen Sie den ranghöchsten Empfänger an die erste Stelle.

Ihnen ist es sicherlich schon häufiger passiert, dass Sie eine **e-mail** aus Versehen zu früh abgeschickt haben. Entweder fehlte der Anhang – mehr zu Anhängen erfahren Sie weiter hinten in diesem Kapitel – oder Sie hatten die **e-mail** noch nicht Korrektur gelesen. Vermeiden können Sie das, indem Sie die **e-mail addresses** der Empfänger zuletzt eingeben – ohne die Adresse lässt sich eine **e-mail** nämlich nicht versenden.

Subject Lines: Aussagekräftige Betreffzeilen

Wenn Sie eine neue **e-mail** schreiben, ist die **subject line** (Betreffzeile) in der Regel leer. Das sollten Sie ändern. Mit aussagekräftigen Betreffzeilen erreichen Sie, dass der Empfänger sofort weiß, worum es geht. Diese Elemente sind nützlich:

✔ **FYI / for your information** (Zu Ihrer Information)

✔ **REQ / request** (Anfrage)

✔ **Urgent** (dringend)

 Anstatt in der Betreffzeile das Wort **urgent** zu verwenden, können Sie Ihre **e-mail** auch mit einer kleinen roten **flag** (Flagge) versehen. Hinweise zur Verwendung entnehmen Sie bitte dem **user manual** (Benutzerhandbuch) Ihres **e-mail client** (E-Mail-Programm). Wenn Sie allerdings jede Ihrer E-Mails mit der roten Flagge versehen, werden Sie von Ihrem E-Mail-Partner bald nicht mehr so recht ernst genommen.

Diese Wörter helfen Ihnen beim Formulieren Ihrer **subject line**:

✔ **reminder** (Erinnerung)

✔ **inquiry** (Anfrage)

✔ **query** (Frage)

✔ **confirmation** (Bestätigung)

✔ **order** (Bestellung)

✔ **cancellation** (Stornierung, Absage)

FYI: Das »Scunthorpe«-Problem

Kennen Sie **spam**? Nein, nicht das **canned luncheon meat** (Frühstücksfleisch in Dosen), sondern **spam e-mails** (Spam-E-Mails). Manchmal kann es passieren, dass Ihre E-Mails beim Empfänger als **spam** deklariert werden. Schauen Sie sich einmal diese **subject lines** an:

✔ **Delivery for Bob Scunthorpe** (Lieferung für Bob Scunthorpe)

✔ **Inquiry about sextant offer** (Anfrage nach Angebot für Sextanten)

Wo ist das Problem? Wenn Sie genau hinsehen, werden Sie unbeabsichtigte Schimpfwörter entdecken.

So könnte Ihre **subject line** aussehen:

✔ **FYI: Our summer price list** (Zu Ihrer Information: Unsere Sommer-Preisliste)

✔ **REQ: Confirmation of your travel arrangements** (Anfrage: Bestätigung Ihrer Reisevorbereitungen)

✔ **Urgent: Last minute details on tomorrow's conference** (Dringend: Letzte Details zur morgigen Konferenz)

Sie haben Ihre E-Mails zuletzt vor zwei Tagen abgerufen? **Oops.** (Ups.)

Trotzdem können Sie jetzt zwei weitere Kürzel kennenlernen:

✔ **EOM / end of message** (Ende der Nachricht)

✔ **NFM / no further message** (keine weitere Nachricht)

Diese Betreffzeilen werden normalerweise in die **subject line** geschrieben, wenn im **main body** kein Text folgt. Manchmal übernimmt der **e-mail client** das Einsetzen von Kürzeln selbst:

- ✔ **Fwd** oder **FW / forward** (Weiterleitung)
- ✔ **Re** oder **RE / reply** (Antwort)
- ✔ **Auto / automatic reply** (automatische Antwort)

Mehr zu automatischen Antworten erfahren Sie weiter hinten in diesem Kapitel.

FWD: Re: Re: Re: Re: Your offer. Wissen Sie bei dieser Betreffzeile, worum es geht? Passen Sie auf, dass Ihr **e-mail client** nicht die Kontrolle über Ihre Betreffzeilen übernimmt. Lassen Sie das **Re** nur stehen, wenn Sie wirklich antworten und denken Sie daran, die Betreffzeile anzupassen, wenn Sie das Thema wechseln.

Appearance Counts: Formatierung von E-Mails

Keep it short and simple. (Machen Sie es kurz und einfach.) Bei Ihrer Korrespondenz per **e-mail** sollten Sie diesen Grundsatz befolgen. Teilen Sie Ihre **e-mail** in sinnvolle **paragraphs** (Absätze) ein, sodass der Empfänger den Inhalt innerhalb kürzester Zeit erfassen kann.

Wenn Sie auf eine **e-mail** antworten, löschen Sie am besten unnötigen Text aus der vorangegangenen Korrespondenz. So vermeiden Sie eine **cluttered appearance** (Unübersichtlichkeit, wörtlich überladene Erscheinung). Falls notwendig, zitieren Sie einfach einzelne Elemente mit »>>«. Das könnte so aussehen:

✔ >> **Is Monday okay for you?** (Ist Ihnen Montag recht?)

Yes, it certainly is. (Ja, sicherlich.)

Und schließlich brauchen Sie bei **business e-mails** noch diese Bausteine:

✔ **signature** (Signatur)

✔ **disclaimer** (Ausschlussklausel)

✔ **auto reply** (automatische Antwort)

Die **signature** folgt der **complimentary close** und sollte diese Informationen enthalten:

✔ **your name and position in the company** (Ihr Name und Ihre Position in der Firma)

✔ **company address** (Firmenadresse)

✔ **telephone number, e-mail address, and company website** (Telefonnummer, E-Mail-Adresse und Firmenwebsite)

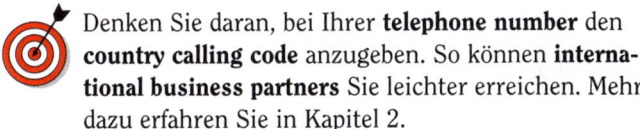 Denken Sie daran, bei Ihrer **telephone number** den **country calling code** anzugeben. So können **international business partners** Sie leichter erreichen. Mehr dazu erfahren Sie in Kapitel 2.

Thomas Hansen arbeitet bei BEC in Kiel. Seine **signature** für internationale **e-mails** sieht so aus:

✔ Thomas Hansen, Head of Sales
   BEC Baltic Engineering
   Ostseestrasse 1
   24100 Kiel, Germany
   +49 431 555-4309
   t.hansen@bec-kiel.de
   http://www.bec-kiel.de

> ### FYI: Umlaut und Co.
> Haben Ihr Name, die Straße oder der Ort, in dem Sie leben, einen Umlaut? Denken Sie daran, dass Umlaute und das »ß« im englischen Alphabet nicht vorkommen. Daher werden Ihre internationalen Empfänger diese Zeichen vergeblich auf ihren **keyboards** (Tastaturen) suchen. Machen Sie es ihnen einfach und ersetzen Sie Umlaute durch die bekannten Zeichenkombinationen.

Lastet die Verantwortung beim Schreiben einer **e-mail** schwer auf Ihren Schultern? Wenn Sie nicht so enden wollen wie Atlas, fügen Sie Ihrem Text einen **disclaimer** (Ausschlussklausel) zu. Diese dient dazu, die eigene Verantwortung einzuschränken. Dadurch sind Sie aus dem Schneider. Ihr **disclaimer** könnte diese Elemente enthalten:

✔ **The information in this e-mail may be confidential.** (Die Informationen in dieser E-Mail können vertraulich sein.)

✔ **If you have received this e-mail in error, please notify the sender.** (Wenn Sie diese E-Mail fälschlicherweise erhalten haben, benachrichtigen Sie bitte den Absender.)

✔ **E-mail correspondence to and from this company is monitored in accordance with lawful business prac-**

tices. (E-Mail-Korrespondenz an und von dieser Firma wird im Rahmen einer rechtmäßigen Geschäftspraxis überwacht.)

Also in Zukunft im Büro keine privaten **e-mails** mehr an Ihre Freunde. Diese schreiben Sie ja aber sowieso nur nach Feierabend oder im Urlaub. Für letzteren Fall bietet es sich an, bevor Sie losfahren, eine **auto reply** (automatische Antwort) einzurichten. So wissen diejenigen, die Ihnen eine **e-mail** schicken, dass Sie nicht sofort antworten werden. Diese **sentences** finden Sie in **auto replies**:

✔ **Thank you for your message.** (Vielen Dank für Ihre Nachricht.)

✔ **I am currently not available.** (Ich bin zurzeit nicht verfügbar.)

✔ **I will be out of the office from September 9 to September 13 with no/only limited access to e-mail.** (Ich bin vom 9. bis 13. September nicht im Büro und habe keinen/nur eingeschränkten Zugriff auf E-Mails.)

✔ **In urgent cases, please contact…** (In dringenden Fällen kontaktieren Sie bitte …)

✔ **Your message will be stored. I will respond at the earliest possible time.** (Ihre Nachricht wird gespeichert. Ich werde sobald wie möglich antworten.)

 Wenn Sie Ihre **auto reply** schon einen Tag vor Ihrer Abwesenheit einschalten, können sich die Schreibenden darauf einstellen. Darüber hinaus hat das Ganze einen positiven Nebeneffekt: Sie müssen nicht sofort antworten.

Very Much Attached: Der Umgang mit Anhängen

In diesem Abschnitt dürfen Sie anhänglich sein. Nein, Sie sollen Ihren Bürokollegen nicht unbedingt in die Arme fallen – es geht um **e-mail attachments** (E-Mail-Anhänge). Selbstverständlich wissen Sie, wie Sie einer **e-mail** ein **attachment** anfügen. Darauf hinweisen können Sie dann wie folgt:

✔ **Attached please find…** (Angehängt können Sie … finden.)

✔ **I am sending you…as an attachment.** (Ich schicke Ihnen … als Anhang.)

✔ **…is enclosed in the attached file.** (… ist in der angehängten Datei beigefügt.)

Wenn Sie sichergehen wollen, dass Ihr Empfänger den Anhang auch öffnen kann, fragen Sie vorher einfach nach:

✔ **Can your computer handle…as an attachment?** (Kann Ihr Computer mit … als Anhang umgehen?)

✔ **Are you able to open PDF files?** (Können Sie PDF-Dateien öffnen?)

✔ **I would like to send you…as an attachment. Can your computer read that?** (Ich würde Ihnen gern … im Anhang schicken. Kann Ihr Computer das lesen?)

 Size matters. (Die Größe zählt.) Bei Anhängen gilt die Devise: Je kleiner, desto besser. Schonen Sie die Nerven Ihrer Empfänger und minimieren Sie die Dateigröße des **attachment**. Noch besser: Versenden

Sie statt des **attachment** einen **internet link** (Internetverknüpfung). So kann sich der Empfänger die **files** (Dateien) bei Bedarf selbst herunterladen:

✔ **You can download...by clicking on the following internet link.** (Sie können … herunterladen, indem Sie auf die folgende Internetverknüpfung klicken.)

✔ **...is available at this website:...** (… ist auf dieser Website verfügbar: …)

Trotzdem kann es mit **attachments** immer wieder einmal schiefgehen. Scheuen Sie sich nicht, das zum Ausdruck zu bringen:

✔ **I wasn't able to open...** (Ich konnte … nicht öffnen.)

✔ **Can you send...in a different format?** (Können Sie … in einem anderen Format schicken?)

✔ **The file seems to be corrupted. Can you please resend it?** (Die Datei scheint beschädigt zu sein. Können Sie sie bitte noch einmal schicken?)

✔ **You seem to have forgotten to include the attachment.** (Sie scheinen den Anhang vergessen zu haben.)

Das kann schon mal vorkommen …

Kleiner Wortschatz

Englisch	Deutsch
subject line	Betreffzeile
attachment	Anhang
blind courtesy copy	Blindkopie
paragraph	Absatz
disclaimer	Ausschlussklausel
auto reply	automatische Antwort
keyboard	Tastatur
confidential	vertraulich
to notify	benachrichtigen
to monitor	überwachen
file	Datei
corrupted	beschädigt

E-mails sind **convenient** (praktisch). Sie können sie zu jeder Tages- und Nachtzeit schreiben und verschicken, **e-mails** erreichen ihren Empfänger im Bruchteil einer Sekunde und sie kosten so gut wie nichts. Zudem eignen sie sich für fast alle Angelegenheiten.

In diesem Kapitel bekommen Sie Tipps, wie Sie mit **appointments** (Termine) in **e-mails** umgehen. Wenn Sie Fragen haben, können Sie diese in **e-mail feedback** (E-Mail-Rückmeldungen) formulieren und auf schnelle Antworten hoffen. Sie erfahren auch, wie Sie **travel arrangements** (Reisevorkehrungen) schnell und einfach mit elektronischer Post treffen. **Are you ready for take-off?** (Sind Sie zum Abflug bereit?)

Dealing with Appointments: Terminkoordination

Wollen Sie hektisches Blättern in Ihrem oder dem Terminkalender Ihres **business partner** vermeiden? Haben Sie gern etwas mehr Zeit, um Ihre Termine zu organisieren? Dann schreiben Sie doch das nächste Mal eine **e-mail**, anstatt zum Telefonhörer zu greifen. Genauso wie bei Ihren **business letters** sollten Sie bei **e-mails** zwischen **formal** und **informal** unterscheiden. Für eine **formal e-mail** zur Terminvereinbarung brauchen Sie diese Textbausteine, die Sie auch in einem **business letter** verwenden würden:

✔ **to schedule an appointment** (einen Termin festlegen)

✔ **to arrange a meeting** (eine Besprechung ansetzen)

✔ **to reschedule / to postpone an appointment** (einen Termin neu ansetzen / verschieben)

✔ **to change the date / time of...** (das Datum / die Zeit von ... ändern)

✔ **to cancel...** (... absagen)

 Fühlen Sie sich zeitlos? Für Ihre Terminkoordination ist das eher kontraproduktiv. Wenn Sie sich unsicher sind, wie Sie mit **times** (Zeiten) und **dates** (Daten) umgehen sollen, lesen Sie einfach den Anhang. Dort finden Sie mehr zu **clock** (Uhr), **days of the week** (Wochentage) und **months** (Monate). Sie erfahren auch, wie Sie das Datum im korrekten amerikanischen und britischen Format zu Papier bringen.

In diesen Beispielsätzen finden Sie die wichtigsten **phrases** wieder:

✔ **Our sales representative would like to schedule an appointment with you.** (Unser Außendienstmitarbeiter würde gern einen Termin mit Ihnen vereinbaren.)

✔ **Would it be possible to arrange a meeting for next month?** (Wäre es möglich, für den kommenden Monat ein Treffen zu vereinbaren?)

✔ **I am afraid we have to reschedule tomorrow's appointment.** (Wir müssen leider den morgigen Termin neu ansetzen.)

✔ **My legal advisor suggests we cancel our meeting.** (Mein Rechtsberater schlägt vor, dass wir unser Treffen absagen.)

Ist das gut oder schlecht? Nun, das müssen Sie entscheiden.

FYI: »time expressions«

Wie sagen Sie auf Englisch »übermorgen«? Und was war »vorgestern« gleich noch? Diese **time expressions** (Zeitausdrücke) helfen Ihnen weiter:

✔ **three days ago** (vor drei Tagen)

✔ **the day before yesterday** (vorgestern)

✔ **yesterday** (gestern)

✔ **today** (heute)

✔ **tomorrow** (morgen)

✔ **the day after tomorrow** (übermorgen)

✔ **three days from now** (in drei Tagen)

✔ **this Monday** (diesen Montag)

✔ **next Monday** (nächsten Montag)

✔ **by Friday** (bis Freitag)

In den Kapiteln 1 und 4 erfahren Sie etwas zur Etikette beim Schriftwechsel. Es gehört zum guten Ton, bei der Festlegung von Terminen nachzufragen, ob diese passen. Das können Sie wie folgt tun:

- ✔ **Does May 27th suit you?** (Passt Ihnen der 27. Mai?)

- ✔ **Does the following date suit you?** (Ist Ihnen das folgende Datum recht?)

- ✔ **Would 11 a. m. be convenient for you?** (Wäre 11:00 Uhr passend für Sie?)

Natürlich geht es auch **informal** – mit diesen Textbausteinen:

- ✔ **to set up a meeting** (ein Treffen vereinbaren)

- ✔ **to fix a date** (einen Termin machen)

- ✔ **to call off an appointment** (einen Termin absagen)

- ✔ **to not keep an appointment** (einen Termin nicht einhalten)

Passende Sätze für Ihre **e-mail** könnten sein:

- ✔ **Let's set up a meeting ASAP.** (Lassen Sie uns sobald wie möglich ein Treffen vereinbaren.)

- ✔ **We need to fix a date for the conference.** (Wir sollten einen Termin für die Konferenz ansetzen.)

- ✔ **Sorry, but I have to call off our appointment.** (Es tut mir leid, aber ich muss unseren Termin absagen.)

- ✔ **I'm sorry, but I can't keep our appointment.** (Es tut mir leid, aber ich kann unseren Termin nicht einhalten.)

Für die bürointerne Kommunikation bieten sich auch diese Sätze an:

✔ **Can we meet for lunch?** (Können wir uns zum Mittagessen treffen?)

✔ **Let's get together after work.** (Wollen wir uns nach der Arbeit treffen?)

✔ **It's time for a coffee break.** (Es ist Zeit für eine Kaffeepause.)

Feedback: Rückmeldungen per E-Mail

Eine **e-mail** eignet sich hervorragend, zeitnah **feedback** (Rückmeldung) zu etwas zu geben. Aber auch wenn es schnell gehen muss, sollten Sie einige Dinge beim Verfassen Ihres **feedback** beachten.

 Warum nicht gleich telefonieren? Richtig, aber beim Telefonieren müssen Sie einige mögliche Stolpersteine beachten:

✔ **business hours** (Geschäftszeiten) und **time zone shift** (Zeitverschiebung)

✔ **no time to reflect** (keine Zeit zum Nachdenken)

✔ **spoken English skills** (Kompetenz beim gesprochenen Englisch)

✔ **missing attachments to illustrate the matter** (fehlende Anhänge zum Verdeutlichen des Anliegens)

Eine **e-mail** hilft Ihnen in all diesen Belangen weiter – und ist in der Regel genauso schnell.

Wenn Sie auf eine schriftlich vorgebrachte Angelegenheit reagieren wollen, benutzen Sie zunächst einen dieser **sentences**, um den Eingang zu bestätigen:

✔ **I have received your offer.** (Ich habe Ihr Angebot erhalten.)

✔ **This is to acknowledge the receipt of the sample units.** (Hiermit bestätige ich den Erhalt der Musterexemplare.)

✔ **Thank you for your reply, which I received today.** (Vielen Dank für Ihre Antwort, die ich heute erhalten habe.)

Jetzt können Sie mit dem **feedback** beginnen:

✔ **I think that is all I need for the time being.** (Ich glaube, das ist alles, was ich zurzeit brauche.)

✔ **We agree with your proposal, but a few adjustments need to be made.** (Wir stimmen Ihrem Vorschlag zu, sollten aber noch über einige Änderungen sprechen.)

✔ **We still have a few issues that need to be addressed.** (Wir haben noch einige Punkte, die angesprochen werden müssen.)

FYI: »snail mail«

Kennen Sie die Schneckenpost aus dem alten Kinderlied? Wenn Sie sich und Ihrem **business partner** etwas Zeit lassen wollen, benutzen Sie doch wieder einmal diese Post:

✔ **snail mail** (Briefpost, *wörtlich:* Schneckenpost)

Im Zeitalter der **e-mail** hat sich diese Bezeichnung für die gute alte Briefpost etabliert. Gerade für besondere Anlässe – mehr dazu in Kapitel 3 – gehört **snail mail** zum guten Ton. Im Gegensatz zur Angabe im Lied ist diese jedoch nicht kostenlos.

Wenn Sie noch einmal nachhaken wollen, ob Ihr **offer** oder Ihre **inquiry** gut beim Empfänger angekommen ist, können Sie das so tun:

✔ **Does this meet your requirements?** (Entspricht dies Ihren Anforderungen?)

✔ **Is this what you had in mind?** (Haben Sie sich das so vorgestellt?)

✔ **Do you have any more suggestions?** (Haben Sie noch weitere Vorschläge?)

✔ **Do you have any further questions?** (Haben Sie noch weitere Fragen?)

Unter Umständen entwickelt sich dann zwischen Ihnen und Ihrem **business partner** eine »Ping-Pong-E-Mail«. Tipps zur **netiquette** erhalten Sie in Kapitel 4.

Travel Arrangements: Reisevorbereitungen treffen

Heutzutage können Sie eine Reise buchen, ohne überhaupt einen Fuß in eine **travel agency** (Reisebüro) setzen zu müssen. Die Korrespondenz per **e-mail** macht es möglich. Hierfür sind diese Begriffe nützlich:

✔ **non-stop** (ohne Aufenthalt)

✔ **lay-over** (Aufenthalt)

✔ **fee** (Gebühr)

FYI: »multi-city flight«

Wissen Sie, was ein Gabelflug ist? Keine Angst – das Besteck fliegt nicht über den Tisch: **multi-city flight** (Gabelflug). Hier geht es vielmehr darum, dass Hin- und Rückflughafen nicht ein und derselbe sind.

Auch diese Verben sind hilfreich:

✔ **to book** (buchen)

✔ **to cancel** (stornieren)

✔ **to change** (ändern, umbuchen)

✔ **to confirm** (bestätigen)

Und so können Sie Ihre Sätze formulieren:

✔ **I would like to confirm my flight.** (Ich möchte meinen Flug bestätigen.)

✔ **I need to cancel my flight. Is there an additional fee?** (Ich muss meinen Flug stornieren. Fällt eine zusätzliche Gebühr an?)

✔ **Can I change my non-stop flight to one with a lay-over in…?** (Kann ich meinen Flug ohne Aufenthalt in einen mit Aufenthalt in … ändern?)

Einmal am **airport** (Flughafen) angekommen, erwarten Sie ganz andere Herausforderungen. Sehen Sie selbst, was Sie auch per **e-mail** klären können:

✔ **I would like a window seat / an aisle seat.** (Ich hätte gern einen Fensterplatz / einen Gangplatz.)

✔ **I have only carry-on luggage.** (Ich habe nur Handgepäck.)

✔ **When will the next flight be if I miss my connection?** (Wann geht der nächste Flug, falls ich meinen Anschluss verpasse?)

Für die Reservierung eines **hotel room** (Hotelzimmer) per **E-Mail** könnten diese Redewendungen für Sie hilfreich sein:

✔ **to reserve a room** (ein Zimmer reservieren)

✔ **to book a room** (ein Zimmer buchen)

✔ **to cancel a reservation** (eine Reservierung stornieren)

✔ **arrival / departure date** (Ankunftsdatum/Abreisedatum)

✔ **rate per night** (Preis pro Nacht)

FYI: »vacant«

Wenn Sie unterwegs sind, brauchen Sie ein **vacant room** (freies Zimmer) in einem Hotel oder einer anderen Bleibe. Passen Sie auf, dass Sie nicht nach einem **free room** (kostenloses Zimmer) fragen. Amüsierte Nachfragen sind Ihnen sonst garantiert: **vacant** (frei), **free** (kostenlos).

So können Sie Reservierungen vornehmen oder ändern:

✔ **I'd like to book a room from July 5th to July 7th.** (Ich würde gern ein Zimmer vom 5. Juli bis zum 7. Juli buchen.)

✔ **I have a reservation for May 5th. I'd like to change that to May 7th.** (Ich habe eine Reservierung für den 5. Mai. Ich würde sie gern auf den 7. Mai verschieben.)

✔ **Is there a possibility of extending my stay?** (Kann ich meinen Aufenthalt verlängern?)

✔ **I need to cancel my reservation. My reservation number is...** (Ich muss meine Reservierung stornieren. Meine Reservierungsnummer ist ...)

 Bei der Reservierung eines Zimmers sollten Sie, wenn möglich, eine **credit card** (Kreditkarte) verwenden. Das garantiert Ihnen, dass das reservierte Zimmer auch wirklich für Sie freigehalten wird. Darüber hinaus ist es hilfreich, wenn Sie diese Ausdrücke schon einmal gehört oder gelesen haben:

✔ **reservation number** (Reservierungsnummer)

✔ **cancellation number** (Stornierungsnummer)

Damit steht Ihrer Zimmerreservierung nichts mehr im Wege.

Um einen **rental car** (Mietwagen) können Sie sich gut im Voraus per **e-mail** kümmern:

✔ **to rent a car** (ein Auto mieten)

✔ **return date** (Rückgabedatum)

✔ **agreed return location** (vereinbarter Rückgabeort)

✔ **refueling service charge** (Auftankgebühr)

✔ **collision coverage** (Unfallversicherung)

✔ **accident report form** (Unfallberichtsformular)

FYI: »international driver's license«

Innerhalb der Europäischen Union gilt Ihre europäische **driver's license** (Führerschein). Wenn Sie in andere Länder dieser Welt reisen und dort Auto fahren möchten, brauchen Sie möglicherweise diesen Führerschein:

✔ **international driver's license** (internationaler Führerschein)

Wo Sie diesen bekommen und was er kostet, erfahren Sie bei Ihrem Straßenverkehrsamt. Sie können ja einmal per **e-mail** anfragen …

Am Ende eines langen und hoffentlich erfolgreichen **business day** (Geschäftstag) wollen Sie sich sicherlich entspannen. Per **e-mail** können Sie im Voraus reservieren:

✔ **to reserve a table in a restaurant** (einen Tisch in einem Restaurant reservieren)

✔ **to buy theater tickets** (Theaterkarten kaufen)

✔ **to arrange a get-together with business friends** (ein Treffen mit Geschäftsfreunden vereinbaren)

Diese Sätze könnten Sie schreiben:

✔ **I would like a table for 8 o'clock.** (Ich hätte gern einen Tisch für 20 Uhr.)

✔ **Do you have a ticket for next week's show?** (Haben Sie eine Karte für die Vorstellung nächste Woche?)

✔ **Should we meet for a couple of drinks?** (Wollen wir uns auf ein paar Drinks treffen?)

Nach **e-mails** wie diesen steht einem vergnüglichen Abend nach einem langen Geschäftstag nichts mehr im Wege.

Kleiner Wortschatz

Englisch	Deutsch
appointment	Termin
feedback	Rückmeldung
travel arrangements	Reisevorkehrungen
to arrange	vereinbaren
convenient	passend
ASAP / as soon as possible	sobald wie möglich
adjustment	Änderung
to address	ansprechen
business day	Geschäftstag
sales representative	Außendienstmitarbeiter

Teil III

Letters of Application: Bewerbungen

The 5th Wave   By Rich Tennant

„The magazine didn´t hire me, but they are paying me
$ 50 to print my resume on their joke page."*

In diesem Teil ...

Finden Sie Ihren Traumjob. Dieser Teil hilft Ihnen unter anderem, englischsprachige **job advertisements** (Stellenanzeigen) richtig zu lesen. Danach geht es darum, mit einem geschickt formulierten Anschreiben Interesse bei der Personalabteilung zu wecken. Dazu gesellen sich dann neben Ihrem gut strukturierten Lebenslauf noch weitere Dokumente, mit denen Ihnen eine Einladung zum Bewerbungsgespräch sicher ist. Mit diesem Teil wird auch Mitarbeitern der Personalabteilung geholfen. Sie erfahren, wie Sie Bewerbungsschreiben von mehr oder weniger geeigneten **job candidates** (Bewerber) treffend beantworten. Für beide Seiten gilt: **This part is the key to success.** (Dieser Teil ist der Schlüssel zum Erfolg.)

---

* »Die Zeitschrift hat mich nicht angestellt, aber sie haben 50 Dollar dafür bezahlt, meinen Lebenslauf auf der Witzseite zu drucken.«

Help wanted! (Hilfe gesucht!) Im englischsprachigen Ausland gibt es viele interessante **jobs** (Arbeitsstellen). **Help needed?** (Hilfe erforderlich?) Dieses Kapitel hilft Ihnen, **job advertisements** (Stellenanzeigen) zu finden und zu entziffern. Und wenn Sie den geeigneten **job** gefunden haben, erfahren Sie, wie Sie ein **cover letter** (Anschreiben) – im britischen Englisch **covering letter** – so gestalten, dass der **human resources manager** (Mitarbeiter der Personalabteilung) Sie mit offenen Armen empfängt. Sie haben die richtige **job advertisement** nicht entdecken können? Kein Problem, dann können Sie immer noch eine **unsolicited application** (Initiativbewerbung) schreiben.

Deciphering Ads: Stellenangebote richtig lesen

Stellen Sie sich vor, Sie sitzen gerade gemütlich am Frühstückstisch, durchforsten die **classifieds** (Anzeigen) und finden dieses **vacancy** (Stellenangebot) oder **opening** (Stellenangebot):

✔ **Sr mgr req for mfg plant in Mumbai. Prev exp pref. BBA req. HB. Sal neg. Job code 3355. Apply ASAP.**

Job Advertisement

We are looking for a

Senior Manager

for our manufacturing plant in Mumbai, India.

Are you interested in joining a highly motivated and creative team? ACME Technologies, Inc. is an innovative international organization specializing in high-tech development with offices in New York, London, and Mumbai. We can offer you excellent career opportunities in a fast-growing industry.

As Senior Manager, you will be responsible for:
- all manufacturing processes in the plant
- monitoring budgets and meeting deadlines
- managing and training of staff

As a qualified candidate, you should have previous experience in the field of management. A degree in Business Administration is required. You must be willing to relocate to Mumbai, India.

We offer you:
- above-average compensation
- medical, dental, and optical insurance
- 401(k) plan
- generous paid time off
- relocation help

If you are interested, please send your application to:

Ms. Erin Hayneedle
Human Resources
ACME Technologies, Inc.
1 ACME Plaza
New York, NY 10001
USA

Abbildung 6.1: Eine typische **job advertisement**

Cover Letter

Meerblick 27
24100 Kiel
Germany

August 2, 2011

Ms. Erin Hayneedle
Human Resources
ACME Technologies, Inc.
1 ACME Plaza
New York, NY 10001
USA

Your job advertisement of July 30 in *The Wall Street Journal*

Dear Ms. Hayneedle:

I am writing to you concerning the vacant position of Senior Manager for your plant in Mumbai, India.

As you can see in my resumé, my previous experience in the field of management makes me the perfect candidate for this position. In addition to my fluency in English, one of my strong points is my ability to manage and motivate staff effectively.

It has always been my wish to experience work in a new and interesting environment. For this reason, I consider relocating to India a challenge. My background would make me a valuable asset to your company.

Please let me know if you require any further information. I would be happy to tell you more about myself in an interview.

Sincerely yours,

Julia Schmidt

Julia Schmidt

Encl. resumé

Abbildung 6.2: Ein **cover letter** als Antwort auf eine **job advertisement**

Sie haben keine Ausbildung als Kryptologe abgeschlossen und können diese **job advertisement** nicht entziffern? So sieht sie in der Langform aus:

✔ **Senior manager required for manufacturing plant in Mumbai. Previous experience preferred. Bachelor in Business Administration required. Health benefits. Salary negotiable. Job code 3355. Apply as soon as possible.** (Geschäftsführer für Produktionsstätte in Mumbai gesucht. Erfahrung gewünscht. Bachelor in Betriebswirtschaftslehre benötigt. Krankenversicherung inklusive. Gehalt verhandelbar. Chiffre 3355. Bewerben Sie sich sobald wie möglich.)

> ### FYI: »vacant position«
>
> Manchmal werden Sie in den **job advertisements** »vacant position« sehen. Denken Sie dabei an **vacation** (AE, Urlaub)? Weit gefehlt, denn sobald die **position** (Stelle) nicht mehr **vacant** (frei) ist und Sie am Schreibtisch sitzen, werden Sie so schnell keinen Urlaub bekommen.

Wenn Sie **job advertisements** in **newspapers** (Zeitungen) verstehen möchten, schauen Sie sich einmal die folgende Liste mit **abbreviations** an. Und zwar **ASAP** – schlagen Sie bei Bedarf auch Kapitel 3 auf.

✔ **FT / full time** (Vollzeit)

✔ **PT / part time** (Teilzeit)

✔ **eves / evenings** (Abende)

✔ **M-F / Monday through Friday** (Montag bis Freitag)

- ✔ **sal / salary** (Gehalt)

- ✔ **p/h / per hour** (pro Stunde)

- ✔ **p/wk / per week** (pro Woche)

- ✔ **p/mo / per month** (pro Monat)

- ✔ **comm / commission** (Provision)

- ✔ **HS Dip / high school diploma** (Schulabschluss)

- ✔ **No exp req / no experience required** (keine Erfahrung nötig)

- ✔ **exp pref / experience preferred** (Erfahrung erwünscht)

- ✔ **exp req / experience required** (Erfahrung vorausgesetzt)

- ✔ **refs / letters of reference** (Empfehlungsschreiben)

 Was für Sie im deutschsprachigen Raum selbstverständlich ist, wird besonders in den USA als **benefits** (Zusatzleistungen) angesehen. Dazu gehören unter anderem:

- ✔ **paid time off** (bezahlter Urlaub)

- ✔ **medical / dental / optical insurance** (Kranken-, Zahn-, Augenversicherung)

- ✔ **retirement savings plan – 401(k)** (Rentenversicherung – 401(k) steht für einen Abschnitt in der US-Abgabenordnung)

Es gibt oft auch den **casual dress Friday** (legerer Freitag). Statt Hemd und Krawatte dürfen Sie dann Ihr **Hawaiian shirt** (Hawaiihemd) aus dem Schrank holen.

Neben den **job advertisements** in **newspapers** können Sie auch **periodicals** (Zeitschriften) und die weite Welt des **internet** durchforsten. Ihre neu erworbenen Kenntnisse der Kryptologie brauchen Sie dann nicht – in der Regel werden Anzeigen dort in Langform publiziert. Sie suchen am besten nach:

✔ **classifieds and jobs** (Anzeigen und Stellen)

✔ **help wanted ads** (Stellenanzeigen)

✔ **want ads** (Stellenanzeigen)

Eine **job advertisement** in Langform enthält diese Elemente – Sie finden sie auch in Abbildung 6.1:

✔ **name of the employer** (Name des Arbeitgebers)

✔ **job title** (Stellenbezeichnung) / **job description** (Stellen-beschreibung)

✔ **job requirements** (Voraussetzungen für die Stelle)

✔ **(academic) qualifications** ((akademische) Qualifikationen)

✔ **pay and benefits** (Bezahlung und Zusatzleistungen)

✔ **contact details** (Kontaktdaten)

Your Selling Points: Ansprechende Anschreiben

Wenn Sie ein **application form** (Bewerbungsformular) bekommen haben, ist es einfach: Sie füllen es aus. Meistens müssen Sie aber frei schreiben. Mit einem perfekt formulierten **cover letter** (Anschreiben) wecken Sie das Interesse Ihrer zukünftigen Arbeitgeber.

One page. (Eine Seite). Länger sollte Ihr **cover letter** nicht sein. Denken Sie daran, dass der Empfänger Ihres Anschreibens noch viele andere Briefe dieser Art lesen darf. Da fällt ein kurz und prägnant formulierter Text positiv auf.

Mehr zum **layout** Ihres **cover letter** erfahren Sie in Kapitel 1. Was allerdings noch wichtiger ist, ist der **content** (Inhalt). Beziehen Sie sich zunächst auf die **job advertisement**:

✔ **I am writing to you concerning your advertisement of June 15 in *The Economist*.** (Ich schreibe Ihnen bezüglich Ihrer Anzeige vom 15. Juni in *The Economist*.)

✔ **I am replying to your advertisement for the position of facility manager.** (Ich antworte auf Ihre Anzeige für die Stelle des Gebäudetechnikers.)

✔ **I would like to apply for the position of brain surgeon as advertised in this month's issue of *Neuronews*.** (Ich möchte mich für die in der aktuellen Ausgabe von *Neuronews* ausgeschriebene Stelle als Neurochirurg bewerben.)

Dann machen Sie auf Ihre **selling points** (positive Merkmale) aufmerksam:

✔ **work experience** (Arbeitserfahrung)

✔ **communication skills and foreign languages** (Kommunikationsfähigkeiten und Fremdsprachen)

✔ **social competence** (Sozialkompetenz)

✔ **willingness to travel or relocate** (Bereitschaft zum Reisen oder Umzug)

Zu Ihrem **cover letter** gesellt sich immer ein Lebenslauf. Achten Sie daher darauf, dass Ihr **cover letter** nicht die Elemente des Lebenslaufs wiederholt, sondern lediglich an einigen Stellen darauf Bezug nimmt. Mehr Informationen zur Gestaltung Ihres Lebenslaufs erhalten Sie in Kapitel 7.

Diese Sätze können für Sie hilfreich sein:

✔ **As you can see in my resumé, my previous experience in this field of work makes me the perfect candidate for this position.** (Wie Sie meinem Lebenslauf entnehmen können, macht mich meine bisherige Erfahrung auf diesem Gebiet zum perfekten Kandidaten für diese Stelle.)

✔ **My fluency in English and Russian as well as my working knowledge of Mandarin Chinese enable me to easily communicate with most of your customers.** (Mein fließendes Englisch und Russisch sowie meine Kenntnisse des Mandarin-Chinesisch ermöglichen es mir, mühelos mit den meisten Ihrer Kunden zu kommunizieren.)

✔ **One of my strong points is that I am a team player.** (Einer meiner Vorzüge ist, dass ich teamfähig bin.)

FYI: »online applications«
Es kommt zunehmend vor, dass **employers** ihre Bewerberinnen und Bewerber dazu auffordern, **job applications** elektronisch einzureichen. Gibt es ein **online application form** (Online-Bewerbungsformular), werden

meistens alle offenen Fragen dort beantwortet. Wenn Sie Ihre **job application** per **e-mail** verschicken, sollten Sie einiges beachten:

✔ Benutzen Sie eine seriöse **e-mail address**: »julia.schmidt@email.de« ist besser als »pussycat92@email.de«.

✔ Scannen Sie Ihre **documents** (Dokumente) und hängen Sie sie im PDF-Format an.

✔ Ihr **cover letter** sollte sowohl in der **e-mail** als auch im **attachment** (Anhang) erscheinen.

Mehr zu **e-mails** und **attachments** erfahren Sie in Kapitel 4.

Vergessen Sie nicht zu schreiben, warum Sie für Ihren zukünftigen **employer** (Arbeitgeber) ein wertvoller **employee** (Arbeitnehmer) wären:

✔ **My background and experience would make me a valuable asset to your company.** (Ich könnte mich mit meiner Ausbildung und Erfahrung sehr gut in Ihre Firma einbringen.)

✔ **The position requires someone of my background and experience.** (Ich verfüge über die notwendige Ausbildung und Erfahrung für diese Stelle.)

✔ **I believe I can contribute to the future success of your company.** (Ich glaube, dass ich zum zukünftigen Erfolg Ihrer Firma beitragen kann.)

Natürlich ist auch Ihr zukünftiger Erfolg wichtig. Dieser drückt sich unter anderem durch Ihr **salary** aus. Sie sollten sich jedoch an den frei formulierten Grundsatz »Über Geld schreibt man nicht« halten und dieses Thema in Ihrem **cover letter** vermeiden. Die Geldfrage ist im **job interview** (Vorstellungsgespräch) viel besser platziert.

FYI: »pay«

Für Ihre Arbeit können Sie im Englischen auf vielerlei Arten entlohnt werden:

- ✔ **salary** (Gehalt)
- ✔ **wage / wages** (Arbeitslohn)
- ✔ **remuneration** (förmlich: Gehalt)
- ✔ **compensation** (AE) (Gehalt)

Freuen Sie sich schon auf das **job interview**? Bringen Sie dieses Gefühl am Ende Ihres **cover letter** zum Ausdruck:

- ✔ **I look forward to hearing from you soon.** (Ich freue mich darauf, bald von Ihnen zu hören.)

- ✔ **If you have any questions regarding my application, I can provide more details in a personal interview.** (Wenn Sie Fragen zu meiner Bewerbung haben, teile ich Ihnen gern weitere Einzelheiten in einem persönlichen Gespräch mit.)

- ✔ **Please let me know if you require any further information. I would be happy to tell you more about myself in**

an interview. (Bitte lassen Sie mich wissen, ob Sie weitere Informationen benötigen. Ich würde mich freuen, Ihnen in einem Gespräch mehr über mich zu erzählen.)

Alle Elemente eines **cover letter** sehen Sie in Abbildung 6.2. Da bleibt nur noch eine Frage übrig: **When would you like to start?** (Wann wollen Sie anfangen?)

Making the First Move: Initiativbewerbungen

War in den **job advertisements** für Sie mal wieder nichts dabei? Ergreifen Sie die Initiative und schreiben Sie eine **unsolicited application** (Initiativbewerbung). Ihr **letter of application** (Anschreiben) könnte dann diese Sätze enthalten:

✔ **I am writing to you because I have heard many positive things about your company.** (Ich schreibe Ihnen, weil ich viel Positives über Ihre Firma gehört habe.)

✔ **I am writing on the recommendation of...** (Ich schreibe Ihnen auf Empfehlung von ...)

✔ **...has informed me that there may be an opening in the...department.** (... hat mich darüber informiert, dass es vielleicht eine offene Stelle in der ... Abteilung gibt.)

 Möchten Sie eine persönliche Empfehlung in Ihren **letter of application** einbringen? Es macht einen guten Eindruck, wenn derjenige, der Sie empfohlen hat, einer der Folgenden ist:

✔ **an employee of good standing** (ein angesehener Mitarbeiter)

✔ **a valued customer** (ein geschätzter Kunde)

✔ **the manager's daughter or son** (Tochter oder Sohn des Geschäftsführers)

Die weiteren Elemente eines **unsolicited letter of application** gleichen denen eines regulären **letter of application**. Mehr dazu finden Sie weiter vorn in diesem Kapitel. Jetzt aber los – Sie wissen doch: **Time is money.** (Zeit ist Geld.)

Kleiner Wortschatz

Englisch	Deutsch
job advertisement	Stellenanzeige
cover letter	Anschreiben
human resources manager	Mitarbeiter der Personalabteilung
unsolicited application	Initiativbewerbung
classifieds	Anzeigen
benefits	Zusatzleistungen
work experience	Arbeitserfahrung
communication skills	Kommunikationsfähigkeiten
social competence	Sozialkompetenz
job application	Bewerbung
salary	Gehalt
personal interview	persönliches Gespräch

CVs and Resumés: Ihren Lebenslauf gestalten

In diesem Kapitel

✔ Eckdaten des Lebens in die richtige Reihenfolge bringen

✔ Den Lebenslauf ansprechend darstellen

✔ Die richtigen Anlagen auswählen

It's your life! (Es ist Ihr Leben!) Dieses Kapitel beschäftigt sich damit, wie Sie Ihr Leben strukturiert und optisch ansprechend zu Papier bringen. Sie erfahren alles Wichtige über den Inhalt eines **resumé** (Lebenslauf). Darüber hinaus finden Sie Tipps, mit denen Sie jeden **human resources manager** (Mitarbeiter der Personalabteilung) beeindrucken. Wenn Sie Ihrer **job application** dann noch die richtigen **attachments** (Anlagen) beifügen, ist der Weg bis zum **job interview** (Vorstellungsgespräch) nicht mehr weit.

The Key to Success: Ihr persönliches Profil

Bringen Sie Ihr Leben in Ordnung. Nicht, dass in Ihrem Leben Unordnung herrschen würde. Weit gefehlt. Es muss eigentlich auch heißen: Bringen Sie Ihr Leben in eine Ordnung. Bevor Sie Ihren Lebenslauf schreiben, sollten Sie sich Gedanken darüber machen, welchen **personal background** (persönliche Erfahrungen) und welche **work experience** (beruflicher Hintergrund) Sie mitbringen.

> **FYI: »curriculum vitae«**
>
> Sie brauchen kein großes Latinum, um Ihren Lebens-
> lauf zu schreiben. Um zu verstehen, was die Abkürzung
> **CV** bedeutet, helfen Lateinkenntnisse jedoch. **CV** steht
> für das lateinische »curriculum vitae« – den Lauf des
> Lebens. In den USA entstammt das typische Wort für
> den Lebenslauf der französischen Sprache: **resumé**.

In einen **CV** (Lebenslauf) oder ein **resumé** gehören diese An-
gaben:

✔ **personal information** (persönliche Informationen)

- **first name** (Vorname)

- **last name** (AE) / **surname** (BE) (Nachname)

- **address** (Adresse), **telephone number** (Telefonnum-
  mer), **e-mail address** (E-Mail-Adresse)

- **nationality** (Staatsangehörigkeit)

- **date of birth** (Geburtsdatum)

 In den USA und Großbritannien ist es nicht üblich,
Informationen zu seinen **parents** (Eltern) zu geben.
Darüber hinaus brauchen Sie Ihr **gender** (Geschlecht)
nicht zu offenbaren. Dem kommt entgegen, dass Sie
Ihrem **resumé** meist kein **photograph** (Foto) beifügen
– auch nicht, wenn Sie **gorgeous** (bildschön) sind.

✔ **position you are applying for** (Stelle, auf die Sie sich
bewerben)

✔ **work experience** (beruflicher Hintergrund)

- **employer** (Arbeitgeber)

- **time period** (Zeitraum)

- **position** (Position)

- **responsibilities** (Aufgaben)

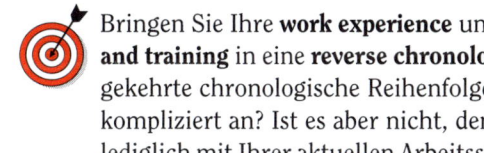 Bringen Sie Ihre **work experience** und Ihre **education and training** in eine **reverse chronological order** (umgekehrte chronologische Reihenfolge). Das hört sich kompliziert an? Ist es aber nicht, denn Sie müssen lediglich mit Ihrer aktuellen Arbeitsstelle oder letzten Ausbildung beginnen und sich dann rückwärts in die Vergangenheit bewegen.

✔ **education and training** (Schulbildung und Ausbildung)

- **postgraduate studies and degree** (Aufbaustudium und Abschluss)

- **graduate studies and degree** (Hochschulbildung und Abschluss)

- **occupational training** (Berufsausbildung)

- **schooling and school-leaving certificate** (Schulbildung und Abschlusszeugnis)

 In Ihrem **resumé** nennen Sie neben der deutschen Bezeichnung Ihres Abschlusses am besten auch die englische Entsprechung. Hier ein paar Beispiele:

✔ **M.D.** (Dr. med.) / **DDS** (Dr. med. dent.) / **Ph.D.** (Dr. phil.)

✔ **M. A.** (Master of Arts, Magister) / **B. A.** (Bachelor of Arts)

✔ **graduate engineer** (Diplomingenieur)

✔ **office management assistant** (Bürokauffrau, Bürokaufmann)

✔ **university-entrance diploma** (Abitur)

✔ **secondary school certificate** (Realschulabschluss)

✔ **lower secondary school certificate** (Hauptschulabschluss)

FYI: »high school«

Haben Sie einen Hochschulabschluss? Wörtlich übersetzen sollten Sie das nicht. Sehen Sie selbst:

✔ **high school** (Gymnasium)

✔ **college** (AE: Universität; BE: Hochschulinstitut)

✔ **university** (Universität, Hochschule)

✔ **university of applied sciences** (Fachhochschule)

✔ **additional skills** (weitere Fähigkeiten)

- **languages** (Sprachen)

- **computer skills** (Computerkenntnisse)

- **social competence** (Sozialkompetenz)

✔ **additional information** (zusätzliche Informationen)

- **hobbies** (Hobbys) / **personal interests** (persönliche Interessen)
- **volunteer work** (ehrenamtliche Arbeit)
- **publications** (Veröffentlichungen)

The Story of Your Life: Darstellung Ihres Lebenslaufs

Haben Sie Ihr Leben sortiert? Gut so. Dann geht es daran, es ansprechend und auf Englisch zu beschreiben. Abbildungen 7.1 und 7.2 zeigen ein **resumé**. Die Angaben zur Person sollten kein Problem sein. Wenn Sie noch Hilfe bei der Beschreibung Ihrer **additional skills** und **additional information** brauchen, finden Sie sie hier. Ihre **language skills** könnten Sie so beschreiben:

✔ **mother tongue** (Muttersprache)

✔ **native fluency** (wie ein Muttersprachler)

✔ **fluent** (verhandlungssicher)

✔ **advanced** (fortgeschritten)

✔ **basic** (Grundkenntnisse)

Wollen Sie etwas zu Ihren **computer skills** sagen? Nach der Lektüre von Teil II bestimmt – dort erfahren Sie nämlich mehr zu **e-mails**. Sicherlich haben Sie auch eine dieser Fähigkeiten:

Resumé (AE) / CV (BE) - Page 1

Personal Information

Contact Details:	Julia Schmidt Meerblick 27 24100 Kiel, Germany +49 431 5554309 julia.schmidt@email.de
Nationality:	German
Date of Birth:	March 12, 1980
Position Desired:	Senior Manager

Work Experience

Aug. 2008 - present	Senior Manager Baltic Engineering Company, Kiel, Germany · responsibility for manufacturing processes · budget monitoring
June 2006 - Aug. 2008	Assistant Manager Baltic Engineering Company, Kiel, Germany · monitoring manufacturing processes · staff training
Jan. 2005 - June 2006	Assistant Manager Russian Oil Company, Moscow, Russia · supervision of staff performance · quality control
Oct. 2004 - Dec. 2004	Intern Dingdong Manufacturing, Shenzen, China · manager's office · human resources department

Abbildung 7.1: Die erste Seite eines **resumé**

Resumé (AE) / CV (BE) - Page 2

Education and Training

July 2004	MBA Wharton School, University of Pennsylvania, Philadelphia, Pennsylvania, USA
July 2002	BA in Business Administration University of Applied Sciences, Kiel, Germany
July 1999	School-leaving certificate (Abitur) Heinrich-Heine-Schule, Heikendorf, Germany

Additional Skills

Languages	German (mother tongue) English (fluent) Russian (fluent) Chinese (basic)
Computer Skills	· competent user of various office suites · familiar with enterprise management planning systems
Social Competence:	· excellent leadership qualities · enthusiasm and initiative

Hobbies and Volunteer Work

· squash, chess
· helping out at the local animal shelter

Publications

Schmidt, Julia. 2010.
Optimizing Manufacturing Processes for Dummies.
Weinheim: Wiley-VCH.

Abbildung 7.2: Die zweite Seite eines **resumé**

✔ **competent user of various office suites** (sicher im Umgang mit verschiedenen Office-Anwendnungen)

✔ **familiar with enterprise resource planning systems** (vertraut mit Warenwirtschaftssystemen)

✔ **programming languages** (Programmiersprachen)

So könnten Sie fast als **computer geek** (Computerfreak) durchgehen. Dabei darf Ihre **social competence** nicht fehlen:

✔ **team skills** (Teamfähigkeit)

  • **I am used to working as a part of a team.** (Ich bin es gewohnt, in einem Team zu arbeiten.)

  • **I am a strong team player.** (Ich bin sehr teamfähig.)

✔ **leadership and motivating skills** (Führungs- und Motivationsfähigkeit)

  • **My previous work experience shows that I have excellent leadership abilities.** (Meine bisherige Arbeitserfahrung zeigt, dass ich ausgeprägte Führungsqualitäten besitze.)

  • **I am good at motivating my fellow team members.** (Zu meinen Stärken gehört es, dass ich meine Kollegen im Team motivieren kann.)

✔ **enthusiasm and initiative** (Enthusiasmus und Initiative)

  • **I am highly motivated to excel in this field.** (Ich bin sehr motiviert, in diesem Bereich Hervorragendes zu leisten.)

✔ **ability to work well under pressure** (Fähigkeit, unter Druck zu arbeiten)

- **I am able to leap tall buildings at a single bound.** (Ich kann in einem einzigen Zug über hohe Gebäude springen.)

Letzteres dürfen Sie nur einfügen, wenn Sie Superman sind.

Wenn danach noch Raum für mehr ist, geben Sie **additional information**.

Hobbies oder **volunteer work** könnten den **human resources manager** interessieren:

✔ **karate** (Karate)

✔ **chess** (Schach)

✔ **helping out at the local animal shelter** (Ehrenamtliche Mitarbeit im örtlichen Tierheim)

✔ **assisting at the senior citizens' center** (Ehrenamtliche Mitarbeit im Seniorentreffpunkt)

Supporting Documents: Zeugnisse und Empfehlungsschreiben

Evidence. (Beweismaterial.) Sie brauchen Belege dafür, dass wirklich stimmt, was Sie von sich behaupten. Daher legen Sie Ihrer **job application** diese Dokumente bei:

✔ **diploma or certificate** (Urkunde oder Zertifikat)

✔ **school-leaving certificate** (Abschlusszeugnis)

✔ **language test score report** (Zeugnis eines Sprachtests)

✔ **vocational training certificate** (Nachweis über die Berufs-ausbildung)

✔ **computer training certificate** (Nachweis über Computer-weiterbildung)

✔ **letter of reference** (Arbeitszeugnis, Empfehlungsschreiben)

Vergessen Sie nicht, diese Anlagen in Ihrem **cover letter** zu erwähnen. Wie Sie das tun, erfahren Sie in den Kapiteln 1 und 6. Mit diesen Dokumenten ausgestattet, kann Ihre **job application** auf die Reise gehen. **Good luck!** (Viel Erfolg!)

Kleiner Wortschatz

Englisch	Deutsch
job interview	Vorstellungsgespräch
to apply for	sich bewerben
education	Schulbildung
training	Ausbildung
personal profile	persönliches Profil
language skills	Sprachfähigkeiten
computer skills	Computerfähigkeiten
social competence	Sozialkompetenz

Sind Sie ein **human resources manager** (Mitarbeiter der Personalabteilung)? Landen bei Ihnen täglich mehr oder weniger interessante **resumés** auf dem Schreibtisch? Wenn Sie sie auf Englisch beantworten wollen, finden Sie in diesem Kapitel Textbausteine für die Einladungsschreiben zu einem **job interview** (Bewerbungsgespräch). Aber was machen Sie, wenn der **job candidate** (Bewerber) zwar geeignet ist, Sie aber gerade keine Stelle für ihn haben? Vertrösten Sie ihn auf später. Vielleicht müssen Sie ja auch absagen. Wie Sie das höflich tun, verrät Ihnen dieses Kapitel ebenfalls.

Positive Responses: Bewerbungsschreiben positiv beantworten

First things first. (Das Wichtigste zuerst, *wörtlich*: Erste Dinge zuerst.) Egal wie Ihnen eine **job application** gefällt oder wie gut der **job candidate** qualifiziert ist – danken Sie dem Schreibenden für seinen **letter**:

✔ **We would like to thank you for your letter of application.** (Haben Sie vielen Dank für Ihre Bewerbung.)

✔ **We appreciate your interest in our company.** (Wir wissen Ihr Interesse an unserer Firma zu schätzen.)

✔ **Thank you very much for your interest in our organization.** (Vielen Dank für Ihr Interesse an unserer Organisation.)

 Es gehört zum guten Ton, allen Bewerbern den Eingang ihrer Bewerbung zu bestätigen. Das können Sie so tun:

> ✔ **We would like to acknowledge the receipt of your job application.** (Wir möchten den Eingang Ihrer Bewerbung bestätigen.)
>
> ✔ **We have received your letter of application.** (Wir haben Ihre Bewerbung erhalten.)

Good news (gute Nachrichten) sind leicht zu überbringen. Mit diesen Sätzen klappt es auch auf Englisch:

✔ **We are impressed by your qualifications and work record.** (Wir sind von Ihrer Qualifikation und Ihrer Arbeitserfahrung beeindruckt.)

✔ **I would like to invite you to attend an interview.** (Ich würde Sie gern zu einem Gespräch einladen.)

✔ **It is my pleasure to offer you the following position.** (Es freut mich, Ihnen folgende Stelle anbieten zu können.)

 Möchten Sie, dass ein **job candidate** zum **job interview** erscheint? Machen Sie es mit diesen Sätzen (und dem nötigen Kleingeld) möglich:

✔ **Your travel expenses will be reimbursed.** (Ihre Reisekosten werden erstattet.)

✔ **We will reimburse you for your expenses.** (Wir werden Ihre Unkosten erstatten.)

Als **job candidate** sollten Sie das aber nicht überstrapazieren. Es muss ja nicht unbedingt das Hotel Ritz sein …

Negative Responses: Absagen schonend formulieren

Wenn Sie eine **negative response** (Absage) schreiben müssen, sollte der Brief freundlich formuliert sein. Dazu bietet sich ein Satz an, den Sie so ähnlich auch im vorherigen Abschnitt finden:

✔ **We are most impressed by your qualifications and work record. However,…** (Wir sind von Ihrer Qualifikation und Arbeitserfahrung überaus beeindruckt. Leider …)

Ouch! (Autsch!) Da war es. Wenn nur das kleine Wörtchen **however** nicht wäre … Viele **job candidates** lesen jetzt nicht mehr weiter. Trotzdem sollten Sie **job candidates**, die qualifiziert sind, Folgendes schreiben:

✔ **We regret to inform you that the position has already been filled.** (Wir bedauern, Ihnen mitteilen zu müssen, dass die Stelle bereits besetzt ist.)

✔ **Unfortunately, we have been forced to turn down many excellent candidates.** (Leider mussten wir vielen ausgezeichneten Bewerbern absagen.)

✔ **We would like to keep your application on file.** (Wir möchten Ihre Bewerbung gern behalten.)

Lesen Sie zwischen den Zeilen. Wenn Sie folgende Sätze lesen, haben Sie es mit einer **brush off** (Abfuhr) zu tun. So formulieren Sie als **human resources manager** elegant, dass ein **job candidate** ungeeignet ist:

✔ **In future, please feel free to apply for open positions for which you qualify.** (Bewerben Sie sich gern jederzeit für offene Stellen, für die Sie qualifiziert sind.)

✔ **We will let you know as soon as a suitable position is available.** (Wir werden Sie informieren, sobald eine geeignete Stelle frei wird.)

✔ **We wish you the greatest success in your future endeavors.** (Wir wünschen Ihnen für Ihre zukünftigen Unternehmungen den größtmöglichen Erfolg.)

Das heißt dann so viel wie: **Thanks, but no thanks!** (Danke, aber nein danke!) Ihnen auf jeden Fall vielen Dank, dass Sie dieses Kapitel gelesen haben.

Kleiner Wortschatz

Englisch	Deutsch
to acknowledge	bestätigen
receipt	Eingang
work record	Arbeitserfahrung
travel expenses	Reisekosten
to reimburse	zurückerstatten
to regret	bedauern
suitable	geeignet

The 5th Wave   By Rich Tennant

»I´ve sent my resume to nine accounting firms, and
not one of them has responded! I put my e-mail
address right there under my name, too –
ChuggerMan@KegZone.net.«*

In diesem Teil ...

Schreiben Sie es oder schreiben Sie es lieber nicht? Wenn Sie sich unsicher sind, was Sie in die Korrespondenz mit Ihren internationalen Geschäftspartnern aufnehmen sollen, lesen Sie diesen Top-Ten-Teil. Er gibt Ihnen treffende Redewendungen und nützliche Tipps für eine erfolgreiche Korrespondenz an die Hand. Hier finden Sie auch Redewendungen, die Sie lieber vermeiden sollten. Dann klappt es auch mit Ihrem **business letter**.

* »Ich habe meinen Lebenslauf an neun Steuerberatungsfirmen geschickt und keine hat geantwortet. Ich hab sogar meine E-Mail-Adresse direkt unter meinen Namen geschrieben: Auf-Ex-Trinker@Fassbierfreunde.net«

Die Top Ten, die Sie in Ihrer Korrespondenz berücksichtigen sollten

In diesem Kapitel

✔ Tipps zur effektiven Korrespondenz auf Englisch

✔ Satzbausteine, die jeden Brief zum Erfolg werden lassen

In diesem Kapitel finden Sie nützliche Hinweise, wie Sie Ihre englischsprachige Korrespondenz so gestalten, dass der Empfänger den Inhalt des Umschlags nicht gleich im sogenannten Rundordner ablegt. Beherzigen Sie diese Ratschläge, denn: **The road to success starts with the right letter.** (Der Weg zum Erfolg beginnt mit dem richtigen Brief.)

Keep it short and simple

Machen Sie es kurz und einfach.

Keiner liest gern Romane im Büro. **Business letters** (Geschäftsbriefe), **e-mails** (E-Mails) und **job applications** (Bewerbungen) müssen im schnellen Geschäftsalltag gut strukturiert und prägnant formuliert sein, denn: **Time is money.** (Zeit ist Geld.)

Be courteous

Seien Sie höflich.

Das A und O jedes **business letter** ist ein höflicher Umgangston. Für jede noch so unangenehme Situation gilt es, freundliche Worte zu finden. Sehen Sie selbst:

✔ **There seems to be a mistake with...** (Es scheint ein Fehler bei ... vorzuliegen.)

✔ **I believe you may have forgotten...** (Ich glaube, Sie haben vielleicht vergessen, dass ...)

✔ **We regret to inform you that...** (Wir bedauern, Sie über ... informieren zu müssen.)

Say »Thank you!«

Sagen Sie »Vielen Dank!«

Vielen Dank für die Blumen. Aber nicht nur dafür sollten Sie sich bedanken. Ein freundliches Dankeschön geht Hand in Hand mit dem oben erwähnten Umgangston:

✔ **Thank you for your letter of...** (Vielen Dank für Ihren Brief vom ...)

✔ **Thank you for your prompt reply.** (Vielen Dank für Ihre schnelle Antwort.)

State your business

Nennen Sie Ihr Anliegen.

Der Empfänger Ihres Briefes sollte auf einen Blick erkennen, worum es geht. Das erreichen Sie so:

✔ **I am writing in reference to...** (Ich schreibe mit Bezug auf ...)

Sie können auch eine **subject line** (Betreffzeile) einfügen. Mehr dazu erfahren Sie in Kapitel 1.

Watch neatness

Achten Sie auf Sauberkeit.

Business letters und ganz besonders **job applications** sollten makellos aussehen. Keine **grease spots** (Fettflecken) oder **coffee stains** (Kaffeeränder). Keine **dog-ears** (Eselsohren, *wörtlich:* Hundeohren) oder **smeared signatures** (verschmierte Unterschriften). Und Popel würden ihren Weg ja sowieso nicht auf Ihr Papier finden.

Create a template

Erstellen Sie eine Formatvorlage.

Es ist zeitraubend, jeden einzelnen **business letter** neu zu formatieren. Jedes moderne Textverarbeitungsprogramm bietet Ihnen die Möglichkeit, **templates** (Formatvorlagen) zu erstellen. Nutzen Sie diese Möglichkeit. Es ist zeitsparend.

Stick to the medium

Bleiben Sie beim Medium.

Es ist ganz einfach. Beantworten Sie einen **letter** (Brief) mit einem **letter**. Beantworten Sie eine **e-mail** mit einer **e-mail**. Und wenn das Telefon klingelt: Nehmen Sie den Hörer ab.

Keep your resumé up-to-date

Halten Sie Ihren Lebenslauf auf dem neuesten Stand.

Genauso wie Ihr Leben verändert sich auch Ihr Lebenslauf. Daher sollten Sie Ihr **resumé** immer wieder anpassen. So schlagen Sie zwei Fliegen mit einer Klappe. Zum einen sparen Sie Zeit, wenn mal wieder eine **job application** ansteht. Zum anderen vergessen Sie keine Station in Ihrem Leben.

Request an answer

Zeigen Sie Ihr Interesse an einer Antwort.

Bringen Sie zum Ausdruck, dass Sie die Antwort Ihres **business partner** schätzen. Das können Sie auch so tun:

✔ **I am looking forward to your reply.** (Ich freue mich auf Ihre Antwort.)

✔ **I would be pleased to hear from you soon.** (Ich würde mich freuen, bald von Ihnen zu hören.)

Proofread

Lesen Sie Korrektur.

Nichts ist ärgerlicher als ein Tippfehler oder eine falsche Zahl in Ihrem Text. Bevor Sie den Brief in den Umschlag stecken, sollten Sie ihn daher noch einmal durchlesen. Stellen Sie in Ihrem Textverarbeitungsprogramm auch die Rechtschreib- und Grammatikkorrektuhr ein. Sehen Sie?

In diesem Kapitel

✔ Fettnäpfchen, in die Sie nicht treten müssen

✔ Sätze, die nicht in Ihren Geschäftsbriefen vorkommen sollten

Wenn Sie die Tipps in diesem Kapitel berücksichtigen, steht der erfolgreichen Gestaltung Ihrer englischsprachigen Korrespondenz nichts im Wege. **Nothing can go wrong.** (Es kann nichts schiefgehen.)

Don't misspell names

Schreiben Sie Namen richtig.

Es ist schon ärgerlich, wenn Ihr Namen falsch geschrieben wird. Stellen Sie sich jetzt vor, dass das dem Empfänger Ihres Briefes passiert. Prüfen Sie die **contact details** (Kontaktdaten) noch einmal:

✔ **addressee's name** (Name des Empfängers)

✔ **addressee's title or term of address** (Titel oder Anrede des Empfängers)

Mehr dazu erfahren Sie in Kapitel 1.

Don't muddle the date

Bringen Sie das Datum nicht durcheinander.

Sie leben im Hier und Jetzt. Aber wie drücken Sie das aus? Bei den vielen unterschiedlichen Formaten für das Datum kann man schon einmal durcheinanderkommen. Vermeiden Sie dieses Problem, indem Sie den **month** (Monat) immer ausschreiben:

✔ **September 2, 2011** (AE)

✔ **2 September 2011** (BE)

Wenn Sie sichergehen wollen, schlagen Sie noch einmal Kapitel 1 auf.

Don't mix formal and informal

Vermischen Sie nicht förmlich und formlos.

Wenn Sie sich einmal für einen Umgangston entschieden haben, bleiben Sie auch dabei. Das gilt auch für **letters** und **e-mails**. Selbst wenn E-Mails zu einem formlosen Ton verleiten: Sie sollten sie genauso ernst nehmen.

Don't mix American and British English

Vermischen Sie nicht amerikanisches und britisches Englisch.

Wenn Sie Ihren **business partner** näher kennenlernen, kann aus einem eher förmlichen Ton ein formloser werden. Ihr Englisch sollten Sie jedoch beibehalten – ganz besonders innerhalb eines Dokuments. Achten Sie auf:

✔ **spelling** (Rechtschreibung)

✔ **dates and other formats** (Daten und andere Formatierungen)

✔ **punctuation** (Zeichensetzung)

Ein gutes **learner's dictionary** (Lernerwörterbuch) hilft Ihnen dabei.

Don't mistranslate

Übersetzen Sie nicht falsch.

Dieser Tipp gilt vor allem für Berufsbezeichnungen sowie Schul- und Ausbildungsabschlüsse. In Ihrer **job application** sollten Sie daher besonders darauf achten. Mehr dazu erfahren Sie in Kapitel 7.

Don't say: »I want...«

Sagen Sie nicht: »Ich will ...«.

Bei jeder Korrespondenz geht es darum, den richtigen Ton zu treffen. Seien Sie daher höflich: **I would like...** (Ich möchte gern ...)

Don't say: »We can't...«

Sagen Sie nicht: »Wir können nicht ...«.

Für jedes Problem gibt es eine Lösung. Auch für das, das Ihnen gerade präsentiert wurde. Dem können Sie so begegnen:

- ✔ **We are already dealing with the problem.** (Wir kümmern uns bereits um das Problem.)

- ✔ **We will present a solution to the problem as soon as possible.** (Wir werden so bald wie möglich eine Lösung für das Problem bereitstellen.)

- ✔ **Yes, we can.** (Ja, wir können.)

Mehr zum Umgang mit Beschwerden und anderen Problemen erfahren Sie in Kapitel 3.

Don't have gaps in your resumé

Ihr Lebenslauf sollte lückenlos sein.

Wenn Sie Ihren Lebenslauf aktuell halten, passiert es nicht: Der **human resources manager** (Mitarbeiter der Personalabteilung) findet eine Lücke in Ihrem Lebenslauf und schiebt Ihre **job application** (Bewerbung) beiseite.

Don't forget the correct postage

Vergessen Sie das richtige Porto nicht.

Wie viel kostet ein Brief – selbstverständlich mit **air mail** (Luftpost) – in die USA noch einmal? Kleben Sie ausreichend **stamps** (Briefmarken) auf den Brief. Alles andere wäre **embarrassing** (peinlich).

Don't forget to proofread

Vergessen Sie nicht, Korrektur zu lesen.

Kommt Ihnen dieser Tipp bekannt vor? Richtig, wir haben ihn schon in Kapitel 9 genannt. Er ist so wichtig, dass Sie sich ihn auf jeden Fall merken sollten. Lesen Sie jeden **letter** und jede **e-mail** noch einmal durch, bevor Sie ihn beziehungsweise sie abschicken.

Anhang

The 5th Wave — By Rich Tennant

Kevin accidentally e-mails his outline for a mystery novel in place of his résumé

Yes, we received your résumé. Can you tell us more about the period you spent handcuffed in the hull of the Russian freighter?

In diesem Anhang ...

Anhänge werden immer wieder unterbewertet. Wenn Sie diesen Anhang lesen, werden Sie jedoch schnell merken, dass er für Ihre **business correspondence** (Geschäftskorrespondenz) sehr nützlich ist. Er hilft Ihnen, Zahlen, Zeiten und Daten ins richtige Format zu bringen. Und wenn Ihnen einmal ein Wort nicht einfällt, können Sie es im kleinen Wörterbuch nachschlagen. **This is a useful appendix.** (Dies ist ein nützlicher Anhang.)

---

* Aus Versehen hat Kevin den Entwurf für einen Kriminalroman anstelle seines Lebenslaufs gemailt.

»Ja, wir haben Ihren Lebenslauf bekommen. Können Sie mir mehr über die Zeit erzählen, die Sie in Handschellen im Rumpf eines russischen Frachters verbracht haben?«

Zahlen, Zeiten und Daten auf Englisch

Sie gehen täglich mit ihnen um: Zahlen. Der plötzliche Wechsel zu englischen **numbers** (Zahlen) sollte kein Problem sein. Zur Sicherheit können Sie auch Tabelle A.1 als Spickzettel verwenden. Die **ordinal numbers** (Ordinalzahlen) brauchen Sie vor allen Dingen, um **dates** auszudrücken.

Cardinal Numbers (Kardinalzahlen)	Ordinal Numbers (Ordinalzahlen)
zero (null)	
one (eins)	**first, 1st** (erster)
two (zwei)	**second, 2nd** (zweiter)
three (drei)	**third, 3rd** (dritter)
four (vier)	**fourth, 4th** (vierter)
five (fünf)	**fifth, 5th** (fünfter)
six (sechs)	**sixth, 6th** (sechster)
seven (sieben)	**seventh, 7th** (siebter)
eight (acht)	**eighth, 8th** (achter)
nine (neun)	**ninth, 9th** (neunter)
ten (zehn)	**tenth, 10th** (zehnter)
eleven (elf)	**eleventh, 11th** (elfter)
twelve (zwölf)	**twelfth, 12th** (zwölfter)
thirteen (dreizehn)	**thirteenth, 13th** (dreizehnter)
fourteen (vierzehn)	**fourteenth, 14th** (vierzehnter)
fifteen (fünfzehn)	**fifteenth, 15th** (fünfzehnter)
sixteen (sechzehn)	**sixteenth, 16th** (sechzehnter)
seventeen (siebzehn)	**seventeenth, 17th** (siebzehnter)
eighteen (achtzehn)	**eighteenth, 18th** (achtzehnter)
nineteen (neunzehn)	**nineteenth, 19th** (neunzehnter)
twenty (zwanzig)	**twentieth, 20th** (zwanzigster)
twenty-one (einundzwanzig)	**twenty-first, 21st** (einundzwanzigster)
thirty (dreißig)	**thirtieth, 30th** (dreißigster)

Cardinal Numbers (Kardinalzahlen)	Ordinal Numbers (Ordinalzahlen)
forty (vierzig)	**fortieth, 40th** (vierzigster)
fifty (fünfzig)	**fiftieth, 50th** (fünfzigster)
sixty (sechzig)	**sixtieth, 60th** (sechszigster)
seventy (siebzig)	**seventieth, 70th** (siebzigster)
eighty (achtzig)	**eightieth, 80th** (achtzigster)
ninety (neunzig)	**ninetieth, 90th** (neunzigster)
one hundred (einhundert)	**one hundreth, 100th** (hundertster)

Tabelle 1: Englische Kardinal- und Ordinalzahlen

Egal ob es um **deadlines** (Fristen) oder das nächste **meeting** (Konferenz) geht: Was Sie immer brauchen, sind Zeitangaben. Die englischen Bezeichnungen für **months** (Monate) und **days of the week** (Wochentage) finden Sie in Tabelle A.2.

Months	Days of the Week
January (Januar)	**Monday** (Montag)
February (Februar)	**Tuesday** (Dienstag)
March (März)	**Wednesday** (Mittwoch)
April (April)	**Thursday** (Donnerstag)
May (Mai)	**Friday** (Freitag)
June (Juni)	**Saturday** (Samstag)
July (Juli)	**Sunday** (Sonntag)
August (August)	
September (September)	
October (Oktober)	
November (November)	
December (Dezember)	

Tabelle 2: Englische Monate und Wochentage

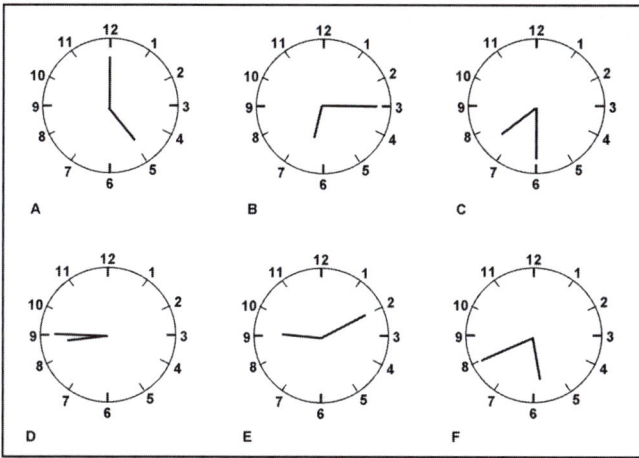

Abbildung 1: Verschiedene **times** auf der **clock**

Die **times** der **clocks** (Uhren) **A** bis **F** in Abbildung A.1 lassen sich mit den **numbers** aus Tabelle A.1 so ausdrücken:

✔ **Clock A: five o'clock** (fünf Uhr)

✔ **Clock B: a quarter past six** (viertel nach sechs)

✔ **Clock C: half past seven** (halb acht)

✔ **Clock D: a quarter to nine** (viertel vor neun)

✔ **Clock E: ten (minutes) past nine** (zehn (Minuten) nach neun)

✔ **Clock F: twenty (minutes) to six** (zwanzig (Minuten) vor sechs)

Beim Anschauen all dieser Zeitbegriffe ist Ihnen die Zeit davongelaufen? Es gibt eine einfache Möglichkeit, die **time** kurz auszudrücken:

✔ **Clock B: a quarter past six** wird zu **six fifteen** (sechs Uhr fünfzehn)

✔ **Clock D: a quarter to nine** wird zu **eight forty-five** (acht Uhr fünfundvierzig)

FYI: »a.m.« und »p.m.«

Die Angabe der **time** im Englischen ist ganz einfach: Sie müssen nur bis zwölf zählen. Während man im deutschsprachigen Raum in der Regel bis 24 zählt, schneiden die Engländer und Amerikaner die »Tagestorte« in zwei Hälften:

✔ **a. m.** (vor dem Mittag)

✔ **p. m.** (nach dem Mittag)

Kleines Wörterbuch

Englisch – Deutsch

A

abbreviation, Abkürzung
acknowledge, bestätigen
address, ansprechen
addressee, Empfänger
adjustment, Änderung
alternative, Alternative
apologize, entschuldigen
apply for, sich bewerben
appointment, Termin
arrange, vereinbaren
ASAP / as soon as possible,
    sobald wie möglich
attachment, Anhang
attend, teilnehmen
auto reply, automatische Antwort

B

benefits, Zusatzleistungen
blind courtesy copy, Blindkopie
blog, Blog
bulk purchase, Großbestellung
bulletin board, Forum
business day, Geschäftstag
business letter, Geschäftsbrief
business partner, Geschäftspartner

C

character, Zeichen
classifieds, Anzeigen
communication skills,
    Kommunikationsfähigkeiten
computer skills,
    Computerfähigkeiten
condolences, Beileid
confidential, vertraulich

congratulations, Glückwünsche
consider, halten für
convenient, passend
correspondence, Korrespondenz
corrupted, beschädigt
cover letter, Anschreiben

D

delivery, Lieferung
disclaimer, Ausschlussklausel
discount, Nachlass, Rabatt
document, Schriftstück

E

education, Schulbildung
enclosure, Anlage
enquire (BE), anfragen
enquiry (BE), Anfrage
event, Veranstaltung

F

face to face, persönlich
feedback, Rückmeldung
file, Datei

G

gross, brutto

H

human resources manager,
    Mitarbeiter der Personal-
    abteilung

I

inconvenience, Unannehmlichkeit
inquire (AE), anfragen
inquiry (AE), Anfrage
instant message, Sofortnachricht
invitation, Einladung

J

job advertisement, Stellenanzeige
job application, Bewerbung
job candidate, Bewerber
job interview, Vorstellungs-
gespräch

K

keyboard, Tastatur

L

language skills, Sprachfähigkeiten
letter of complaint, Reklamations-
schreiben

M

main body, Hauptteil
margin, Rand
monitor, überwachen

N

net, netto
notify, benachrichtigen

O

offer, Angebot, anbieten

P

paragraph, Absatz
payment, Bezahlung

personal interview, persönliches
Gespräch
personal profile, persönliches
Profil
pricelist, Preisliste

R

receipt, Eingang
receive, erhalten
recipient, Empfänger
recommend, empfehlen
reference line, Bezugszeile
regret, bedauern
reimburse, zurückerstatten
reply, Antwort

S

salary, Gehalt
sales representative, Außendienst-
mitarbeiter
schedule, Terminplan
signature, Unterschrift
social competence, Sozial-
kompetenz
solution, Lösung
subject line, Betreffzeile
suggest, vorschlagen
suggestion, Vorschlag
suitable, geeignet

T

text message, SMS
trade show, Messe
training, Ausbildung
travel arrangements, Reisevor-
kehrungen
travel expenses, Reisekosten

U

unsolicited application, Initiativbewerbung
update, Aktualisierung
up-to-date, aktuell

W

work experience, Arbeitserfahrung
work record, Arbeitserfahrung

Deutsch – Englisch

A

Abkürzung, **abbreviation**
Absatz, **paragraph**
Aktualisierung, **update**
aktuell, **up-to-date**
Alternative, **alternative**
Änderung, **adjustment**
Anfrage, **inquiry** (AE), **enquiry** (BE)
anfragen, **inquire** (AE), **enquire** (BE)
Angebot, **offer**
Anhang, **attachment**
Anlage, **enclosure**
Anschreiben, **cover letter**
ansprechen, **address**
Antwort, **reply**
Anzeigen, **classifieds**
Arbeitserfahrung, **work experience, work record**
Ausbildung, **training**
Ausschlussklausel, **disclaimer**
Außendienstmitarbeiter, **sales representative**
automatische Antwort, **auto reply**

B

bedauern, **regret**
Beileid, **condolences**
benachrichtigen, **notify**
beschädigt, **corrupted**

bestätigen, **acknowledge**
Betreffzeile, **subject line**
bewerben, **apply for**
Bewerber, **job candidate**
Bewerbung, **job application**
Bezahlung, **payment**
Bezugszeile, **reference line**
Blindkopie, **blind courtesy copy**
Blog, **blog**
brutto, **gross**

C

Computerfähigkeiten, **computer skills**

D

Datei, **file**

E

Eingang, **receipt**
Einladung, **invitation**
Empfänger, **addressee, recipient**
empfehlen, **recommend**
entschuldigen, **apologize**
erhalten, **receive**

F

Forum, **bulletin board**

G

geeignet, **suitable**
Gehalt, **salary**
Geschäftsbrief, **business letter**
Geschäftspartner, **business partner**
Geschäftstag, **business day**
Gespräch, persönliches, **personal interview**
Glückwünsche, **congratulations**
Großbestellung, **bulk purchase**

H

halten für, **consider**
Hauptteil, **main body**

I

Initiativbewerbung, **unsolicited application**

K

Kommunikationsfähigkeiten, **communication skills**
Korrespondenz, **correspondence**

L

Lieferung, **delivery**
Lösung, **solution**

M

Messe, **trade show**
Mitarbeiter der Personalabteilung, **human resources manager**

N

Nachlass, **discount**
netto, **net**

P

passend, **convenient**
persönlich, **face to face**
Preisliste, **pricelist**
Profil, persönliches, **personal profile**

R

Rand, **margin**
Reisekosten, **travel expenses**
Reisevorkehrungen, **travel arrangements**
Reklamationsschreiben, **letter of complaint**
Rückmeldung, **feedback**

S

Schriftstück, **document**
Schulbildung, **education**
SMS, **text message**
sobald wie möglich, **ASAP / as soon as possible**
Sofortnachricht, **instant message**
Sozialkompetenz, **social competence**
Sprachfähigkeiten, **language skills**
Stellenanzeige, **job advertisement**

T

Tastatur, **keyboard**
teilnehmen, **attend**
Termin, **appointment**
Terminplan, **schedule**

U

überwachen, **monitor**
Unannehmlichkeit, **inconvenience**
Unterschrift, **signature**

V

Veranstaltung, **event**
vereinbaren, **arrange**
vertraulich, **confidential**
Vorschlag, **suggestion**
vorschlagen, **suggest**
Vorstellungsgespräch, **job
  interview**

Z

Zeichen, **character**
zurückerstatten, **reimburse**
Zusatzleistungen, **benefits**

Stichwortverzeichnis

Die Autoren danken Jens Bahns, Eva Schmidt und Jannike Schwarten für ihre tatkräftige Unterstützung bei der Fertigstellung dieses Buches.

FÜR DUMMIES

MIT KLEINEM FÜHRER DURCH DIE WELT – DIE »SPRACHFÜHRER FÜR DUMMIES«

Sprachführer Englisch
für Dummies
ISBN 978-3-527-70526-9

Sprachführer Französisch
für Dummies
ISBN 978-3-527-70525-2

Sprachführer Italienisch
für Dummies
ISBN 978-3-527-70524-5

Telefonieren auf Englisch
für Dummies
ISBN 978-3-527-70652-5